# 这才是你该追的星

## 詹天佑

付小平　付翊霖 / 编著
丁铁颖 / 绘

电子工业出版社
Publishing House of Electronics Industry
北京·BEIJING

未经许可，不得以任何方式复制或抄袭本书之部分或全部内容。
版权所有，侵权必究。

**图书在版编目（CIP）数据**

这才是你该追的星．詹天佑／付小平，付翊霖编著；丁铁颖绘．—北京：电子工业出版社，2023.3

ISBN 978-7-121-44236-0

Ⅰ．①这… Ⅱ．①付… ②付… ③丁… Ⅲ．①詹天佑（1861－1919）—生平事迹—少儿读物 Ⅳ．① K826.16-49

中国版本图书馆 CIP 数据核字（2022）第 171050 号

责任编辑：杨雅琳
印　　刷：天津善印科技有限公司
装　　订：天津善印科技有限公司
出版发行：电子工业出版社
　　　　　北京市海淀区万寿路 173 信箱　邮编：100036
开　　本：880×1230　1/32　印张：21.5　字数：430 千字
版　　次：2023 年 3 月第 1 版
印　　次：2023 年 3 月第 1 次印刷
定　　价：168.00 元（全 5 册）

凡所购买电子工业出版社图书有缺损问题，请向购买书店调换。若书店售缺，请与本社发行部联系，联系及邮购电话：(010) 88254888，88258888。

质量投诉请发邮件至 zlts@phei.com.cn，盗版侵权举报请发邮件至 dbqq@phei.com.cn。

本书咨询联系方式：(010) 88254210，influence@phei.com.cn，微信号：yingxianglibook。

# 我为什么要写这套书
## ——这是写给父母看的

当我家二宝小雨四岁多时,有一天,我们全家一起在外面散步,他突然看见路边长着一种锯齿形的野草,于是就欣喜地蹲下来仔细观察。等他起身后,我给他讲了鲁班通过仔细观察划破自己手的野草叶子发明了锯子的故事。

听完后,他竟然又蹲下身去再次观察路边的野草。一路上,他意犹未尽,不断地向我提了很多他好奇的问题:鲁班的手是不是很疼啊,他的锯子是用什么材料做成的呢,锯子是用来干什么的呀,等等。

从那以后,我每天都给他讲一个科学家的小故事。比如,钱学森上小学时,折的纸飞镖飞得总是又稳又准;

茅以升小时候因听闻南京秦淮河文德桥倒塌的事故而立下造桥宏愿；李四光从小就对石头感到很好奇；等等。

他每一次都听得津津有味，还会提出很多稀奇古怪的问题，有些我绞尽脑汁都回答不了。每当此时，我就和他一起翻看百科全书或上网去寻找答案。

最令我意外的是，凡是我给他讲过的故事，经过一段时间后，他仍对其中的一些细节记忆犹新，甚至还能内化于心、外化于行。

记得我曾给他讲过钱学森在上大学时主动要求老师给自己扣分的故事。没想到，在他上小学二年级时，一次平时测验后数学老师给他打了满分，他主动去告诉老师，自己有个地方应该扣分。

回家后，他一五一十地给我讲了这件事情。他还告诉我，正是一年前我跟他讲过的钱学森的那个故事，让他明白了诚实比分数更重要的道理。

其实，自从我坚持每天给二宝小雨讲一个科学家的故事起，我就在想，这些既有趣又有意义的科学家故事，应该是很多小朋友都爱听的，并且还会让他们长久受益。

既然如此，我觉得自己有必要将这些科学家的故事整理成适合青少年朋友们阅读的图书。当我把自己的想法跟电子工业出版社的老朋友潘炜老师交流后，我们一拍即合，决定正式出版一套给孩子励志的中国科学家系列丛书。

于是，三年多前，我开启了这套书的创作之旅，经过反复打磨、多次修改，终于在今年春节后全部定稿了。

作为这套书的作者，同时也是两个孩子的父亲，为了能让这套书尽可能帮助到孩子的成长，我想就家长朋友们关心的几个问题，分享自己的几点思考。

## 1. 为什么要让孩子读科学家的故事？

您或许会有这样的疑惑，我家孩子将来并不一定会成为科学家，那还有必要花时间读这套书吗？

我想说的是，每个孩子都有自己的人生志向，也不必都把孩子往科学家这条路上指引。但是，很多科学家之所以后来成了伟大的科学家，恰恰是小时候的某个经历为他播下了一颗种子，并在父母的极大鼓励和悉心呵护下，最终才长成了一棵参天大树。

我们这套书的第一辑，一共写了五位近现代的中国科学家，他们几乎都是家喻户晓的伟大人物，大部分在中小学课本中出现过，可以说每位科学家在孩子们的心目中应该都称得上是"大神"级的人物。

他们的一生中发生过无数故事，或可歌可泣，或惊心动魄，或催人奋进。这其中的某个或某些故事，最后很可能就在不知不觉中，成为激励孩子实现伟大梦想的种子。这一点，或许才是最重要的。

## 2. 为什么要鼓励孩子把科学家作为偶像？

您或许会有这样的疑惑，孩子的偶像可以有很多，为什么一定要鼓励孩子把科学家作为自己崇拜的偶像呢？

我想说的是，每个孩子的偶像也许有很多，可以是北京冬奥会上那些拼尽全力才站到领奖台上的体育明星，也可以是足智多谋、运筹帷幄的政治家和军事家，还可以是文采飞扬、下笔如有神的文学家和大作家。但是，科学家身上有一种独特的精神和气质，能带给孩子们不一样的人格力量和学习动能。

我自己在写作和修改书稿的过程中，就一次又一次在精神上得到洗礼，在灵魂上得到升华，在人格上得到滋养。我相信，您的孩子在阅读科学家的故事时，也一定能收到同样的效果。更为关键的是，他们还是在人生观和价值观逐步成型的这一重要成长时期收获的。这其实也是我为什么要让正在读初中的大宝伊伊，一起参与部分书稿的撰写和修改的重要原因。

### 3. 为什么要采用第一人称写作？

您或许会有这样的疑惑，为什么要用第一人称模仿科学家本人的语气来写他们的故事？

我想说的是，全部采用第一人称的口吻、以科学家自述的方式撰写，主要是为了让孩子们感到更亲切，就像面对面听科学家讲自己的故事一样，让他们产生身临其境、历历在目的阅读快感，让孩子们跟随这些科学家去体验他们跌宕起伏的人生经历。

此外，我要特别指出的是，为了让孩子们从科学家的人生经历中获得人生启迪和成长智慧的同时，还能尽量收获更多的科普知识，进一步拓展孩子们的视野，我们特意在每本书的每个篇章增加了"科普小贴士"这个板块。请记得提醒孩子在阅读过程中不要忽略它们。

最后，我还想说的是，在写作每一位科学家的故事时，我们查阅了大量可靠的资料，甚至还专程跑到这些科学家的纪念馆或故居实地走访。无论从书中获得的详实资料，还是在现场得到的一手资料，都尽可能确保真实和准确。但也难免会有疏忽或不当之处，所以还请各位朋友不吝赐教，多提宝贵意见，以便我们在今后的再版中进一步修改和完善。

# 你为什么要追这些"星"
## ——这是写给孩子看的

每个孩子都喜欢听别人的故事,无论虚构的神话或童话中的人物,还是史书中记载的真实人物,抑或小说中描绘的各种角色。但科学家的故事是不一样的,它们既是真实发生过的事情,也是被载入史册的历史,更是让你倍感亲切的身边事。

当然,再催人奋进、惊天动地的故事,如果讲得不好,难免会显得陌生和遥远,让你觉得"他的事"压根就"不关我的事"。再生动美丽、活灵活现的故事,如果没有人好好来写,难免会显得枯燥和乏味,让你吊不起自己的"故事胃口"。

现在,这些伟大的人与事,通过第一人称自述的方式，即将在你手上这套丛书中鲜活起来，在你眼前这些画面和文字中灵动起来。

那些本来陌生的科学家，一一跃然纸上，把他们一生所经历的风风雨雨、所创造的各种奇迹，像朋友聊天一样与你分享。原本如流水账的"某年某月某日发生某件事"，如今却像电视连续剧一般，在你眼前一幕幕地放映。

这样读故事，一定会让你感到无比痛快，既扣人心弦，又触及灵魂。

我们有幸生长在一个伟大的时代。伟大时代呼唤伟大精神，也需要伟大的榜样引领，而这些伟大的科学家，就是最值得你崇拜的偶像，也是你最应该追的"星"。

真正的偶像，一定会有激发精神的力量。他们不仅是你的偶像，也很可能成为你的"幸运之神"。偶像对于我们的意义，就是要我们去学习他身上的优点，弘扬他身上的精神，然后激励自己去学习他、成为他、超越他。

每一位科学家身上，都体现了"胸怀祖国、服务人民的爱国精神，勇攀高峰、敢为人先的创新精神，追求真理、严谨治学的求实精神，淡泊名利、潜心研究的奉献精神、集智攻关、团结协作的协同精神、甘为人梯、奖掖后学的育人精神"。我相信，这些精神，一定能带给你榜样的力量，永远滋养你的灵魂。

真正的偶像，一定会给他人带来人生的引领。他们不仅是你的偶像，也能成为你的"梦想成真的护佑之神"。很多伟大的人物，虽然已经离开了这个世界，但并没有消失在黑夜里，反而化身为一颗颗耀眼的星星，照亮后人前行的路。

就像一百年前的李大钊先生，他就是那些希望改变中国、救亡图存的有志青年的偶像。每一位伟大的科学家，就是如今那些希望复兴中华、科技强国的有志青年的偶像。我相信，他们一定能带给你梦想的种子，始终指引你的人生航向。

真正的偶像，一定是会被时间记住的"明星"。他们不仅是你的偶像，也很可能帮助你消除对偶像的盲从。我们可以追的"星"有很多，但追星千万不可盲从。钟南山院士曾说过这样一句话："成为偶像的目的就是要更好消除年轻人对偶像的盲从，通过偶像学到他们对问题的看法，更多地问问为什么。"

我们真正应该追的"星"，他应该给人带来奋发的能量、向上的力量，能让我们成为更好的自己。就像把一生写在稻田里，把功勋写在大地上，"把中国人的饭碗牢牢端在自己手中"的袁隆平院士。

真心希望这套丛书，能带给你不一样的快意阅读，能让你找到值得追一辈子的"星"。

现在，就请你跟我一起走进科学家的世界吧！

## 被周总理称为"中国人的光荣"

100多年前,一个在国人看来是冒险的举动,堪称"中华创始之举,古今未有之事",在街头巷尾被热议。

一群十几岁的少年告别故土,每人只带了一个行李箱,从上海登上了一艘驶向太平洋彼岸的陌生国度——美国的轮船,踏上了一条计划长达15年的"西学之路"。

这些少年就是由清政府公派留学的第一批"留美幼童"。从此,他们开启了人生奋进的征程。

在这批"留美幼童"中,有这样一位少年,他既受国学诗书熏陶,又求学于全世界著名的耶鲁大学,毕业后回国效力，在中国的铁路发展史上被尊为"创造中国铁路奇迹的科学家"。

他就是中国近代铁路的拓荒者——詹天佑。他从美国留学归来后，自27岁开始投身中国铁路建设，为国筑路31年，将毕生的精力和心血都投入中国铁路建设事业中。

他先后主持和参与修建了京张、张绥、关内外[①]、川汉、粤汉等十多条铁路，主持制定了统一的铁路法规，始终坚持维护国家主权和路权。

1905年，詹天佑担任京张铁路总工程师，负责设计并修建京张铁路。仅用4年时间，他就主持修建了完全由中国人自主设计并建造的第一条铁路——京张铁路，并创设"竖井开凿法"和"人"字形线路，震惊中外，为当时深受西方列强欺凌的中国人争了一口气，极大地提升了国人的民族自尊心。

中华民国成立后，詹天佑担任交通部技监，主持全国交通技术工作。同时，他还成立了中华工程师学会，借助协会培养了大批青年工程师，为祖国储备了

---

① 以山海关为界，后文同。

### 这才是你该追的星
**詹天佑**

大量的后备人才,促进了中国铁路事业与工程事业的发展。

他在国内外工程界都享有崇高的威望,被誉为中国的"工学泰斗""中国近代工程之父""中国铁路之父"。

他,曾被周恩来总理称为"中国人的光荣"。

# 目录

## CONTENTS

- 001 —— 01 我是詹天佑
- 003 —— 02 从小迷上《天工开物》
- 010 —— 03 贵人相助，改变命运
- 016 —— 04 既长知识，又长见识
- 026 —— 05 刻苦学习工程技术
- 032 —— 06 中断学业，被迫回国
- 037 —— 07 辗转7年，默默任教
- 045 —— 08 投身铁路，初露锋芒
- 063 —— 09 筑成京张，名扬四海
- 089 —— 10 奔走于中国各地铁路线上
- 104 —— 11 制定统一的铁路法规

# 01
## 我是詹天佑

亲爱的读者们，你们好，我是詹天佑，字眷诚，号达朝。

1861年4月26日，我出生于广东省广州城（今广州市）的一个茶商家里。我是家里的第一个男孩，我还有三个姐姐。父母希望我能够平平安安地长大成人。因此，他们给我取名为"天佑"。

我的曾祖父名为詹万榜，字文贤，是乾隆年间的太学生。最初，我的曾祖父在徽州婺源县（今江西婺源）行医。后来，他南下广东做起了茶叶生意。随着生意越做越大，曾祖父举家定居广州。

曾祖父病逝后，我的爷爷詹世鸾继承父业，经营茶叶生意。他不但善于经商，而且为人慷慨、乐善好施，出资在当地建了文社、学馆，还修盖了会馆。

1823年，我的爸爸詹兴洪出生了。他长大后继承祖业，从事茶叶贸易。由于时运不济，詹家经营多年的茶叶生意逐渐衰落。因在广州城内谋生艰难，爸爸携全家迁到乡下，过起了田园生活。

为了维持一家人的生计，爸爸除了耕种农田，还做一些小生意，如代写书信、刻印章、春节时帮人写春联等。

我的妈妈是一位勤劳善良、聪明贤惠的女子。她终年为这个家庭操劳，相夫教子，为7个子女的成长付出了自己全部的心血。

## 02
# 从小迷上《天工开物》

> **科普小贴士**
>
> ### 铁路信息和知识开始传入中国
>
> 在1840年鸦片战争前后,有关铁路的信息和知识开始传入中国。林则徐于1839年主持编译的《四洲志》、魏源于1844年编撰的《海国图志》,都介绍了当时外国的铁路、火车等科学技术信息。清末地理学家徐继畬于1848年编著的《瀛环志略》,进一步介绍了一些国家的铁路情况。
>
> 太平天国干王洪仁玕,在1859年所著的《资政新篇》中,强调了近代交通运输对巩固政权和建设国家的重要性。

**把我送进南海县的一家私塾**

作为家里的长子,爸爸把重振家业的希望寄托在了我的身上。农闲时,爸爸常常教我识字。

## 这才是你该追的星
詹天佑

除了教我认字,爸爸还经常给我讲有关鸦片战争的故事。当听到林则徐烧毁英帝国主义运来毒害中国人民的鸦片,并打退英国侵略军时,我兴高采烈地拍着小手跳了起来;当听到清政府把林则徐革职,英国侵略者趁机侵入广州的时候,我气得捶胸顿足,握紧拳头,就像要打架的样子。

我常常问爸爸:"中国人为什么打不过外国人?"爸爸当时并不明白这是由于清政府的腐败造成的,所以他只能告诉我,外国人的枪炮太厉害了。于是我又好奇地问他:"为什么中国没有洋枪大炮?"对于这么高深的问题,爸爸也说不清楚了。

在我6岁那年,爸爸把我送进一家私塾读书。在别人眼里,我天资聪颖,求知欲很强。记得我在读私塾时,还曾因思维敏捷、喜欢读书、善于做对联而被人称赞。

有一天,私塾老师出了一幅上联:"日出东,月出西,天上生成明字。"我不假思索,马上就对出下联:

"子居右,女居左,世间配定好人。"

还有一次,爸爸的好友、广东香山商人谭伯邺到家里来做客,想考考我,随口说了一句上联:"宝塔层层,一二三四五六七。"

我刚好看见桌上的算盘,就从容答道:"算盘度度,万千百十两钱分。"因为爸爸做生意的时候经常用算盘,我从小耳濡目染,灵机一动就对出了这句下联。

当时的私塾,并不是所有孩子都上得起的,只有那些家庭条件好的人家才会把孩子送进去读书。在私塾里,老师只教授《三字经》《千字文》《百家姓》《四书》《五经》等,让大家从小接受中国的传统文化和传统思想教育。

为了参加科举考试,我开始学习八股文,这是当时中国培养和选拔人才的必修课。由于八股文晦涩难懂,学起来十分枯燥,我就越来越不感兴趣了。

当然,这样的传统文化教育,对于我的性格培养还是很有帮助的,我长大成人后所体现出来的沉稳坚毅、宽厚仁爱、处乱不惊等品质,或多或少都与小时候受到的这些传统文化教育有关。

## 这才是你该追的星
詹天佑

### 被《天工开物》吸引了

私塾老师教的内容,我很快就学会了,但是因为许多同学还不会,老师只好再教一遍。渐渐地,我就越来越对这些死记硬背的东西不那么感兴趣了。

于是,爸爸就去找私塾的老师商量,让他多教我一些新的知识。这位叫何天义的老师在上课的时候也发现我跟别的孩子不一样,于是就说他会多找些我感兴趣的东西来教。

从那以后,何先生经常为我额外安排一些课程,还将自己的藏书借给我看。因此,我又开始喜欢上学了。

有一天,我在归还何先生借给我的书籍时,突然在他的书架上发现了《天工开物》这本书。在好奇心的驱使下,我随手翻开书,没想到立刻就被书里那一幅幅精美的插画给吸引了。

我赶紧拿着《天工开物》跑到何先生面前,告诉他自己想借这本书看。何先生看了看书名后,颇有些诧异地问我:"天佑,这本书是明朝宋应星写的,遣词造句都有些难,你看得懂吗?"

我斩钉截铁地回答:"看得懂!"

当时,何先生对我的回答有些难以置信。虽然我已经学会了不少字,领悟能力和学习能力也很强,但这本书毕竟不是一个七八岁的孩子随随便便就能看懂的——它是一部百科全书，里面涉及了农业、纺织、陶瓷、矿业、造纸等很多专业技术。

但何先生告诉我，不管我能不能看懂，只要有这个兴趣就很不错了，是一定要鼓励的，于是，爽快地把《天工开物》借给了我。

几天后我去还书时兴奋不已地告诉他："老师，这本书真是太好玩了！"

何先生再次瞪大眼睛，疑惑地问我："你真的看懂了吗？"我点了点头，还从袋子里拿出自己照着书里的图片和方法做出来的模型给他看。

何先生仔细观察了这艘用泥巴做的帆船，虽然做得不那么精美，却也有模有样。他随口又问了我几个关于帆船制作的问题，我都能对答如流，这让他对我刮目相看。

最后，何先生干脆就把《天工开物》这本书送给我了。我激动不已，赶紧谢过他。

**喜欢摆弄各种小玩意儿**

我看完《天工开物》后，就对一些机械类的小玩意儿表现出了极大的兴趣。

## 这才是你该追的星
### 詹天佑

上学的时候,我的衣兜里也经常装着一些螺丝钉、发条、小齿轮等。有空的时候,我就开始摆弄这些小零件,拆了又装,装了又拆。

除了这些机械类零件,我还喜欢玩泥巴,并用泥巴捏出一些栩栩如生的机械模型来。有一次,我读了一本谭伯邨从香港带回来的机械画报,便对它爱不释手,还照着画报上的图样,用泥巴捏出各种模型。

我年幼时生活的广州,一直是中国的对外通商口岸,所以我经常能够接触到各式各样的"洋货"。

走在街上,每当遇到有人摆弄一些新奇的"洋货"——机器产品、各式玩具时,我总会驻足观看,仔细观察它的构造、运作原理与制作方法等。如果遇到熟悉的人,我还会向他们请教,想弄明白其中的原理。

看着年幼的我对机器的构造和原理如痴如醉,兴趣浓厚,爸爸也常常给予我很多的鼓励和支持。

在陪伴我成长的过程中,爸爸逐渐看清了一件事:以我的个性、兴趣及家里的境况来看,我将来不可能走科举考试、读书做官的道路。因此,与其盲目追求仕途,倒不如让我去学一门新的技艺,将来也可以以此谋生。

## 02 - 从小迷上《天工开物》

**科学家小故事**

### 私自拆卸自鸣钟

詹天佑家有一口自鸣钟。有一天,他趁家里大人外出,踩着椅子把这口自鸣钟取了下来,用一把小刀一点点地把它拆开,慢慢研究起这口钟来。

等大人回来时,他正拿着一把小刀,守着面前的一堆破旧零件,冥思苦想该怎么样才能把自鸣钟重新组装起来,恢复原状。然而,拆下来简单,要想再装上就没那么容易了。

他的父母看到眼前这一幕时,感到既惊奇又高兴。

父母没有责怪詹天佑私自拆卸自鸣钟,而是领着他去钟表维修店,并让他仔细观察维修师傅是如何将自鸣钟重新组装起来的。

## 03
## 贵人相助,改变命运

> **科普小贴士**
>
> **中国出现了第一条铁路**
>
> 　　1876年,中国的土地上出现了第一条铁路,这就是以英国怡和洋行为首的英国资本集团未经批准擅自修筑的吴淞铁路。
>
> 　　吴淞铁路从上海起到吴淞镇止,长14.5千米,轨距762毫米。路基宽约4.6米,高1米。使用轻型钢轨,每米重13千克,枕木长1.4米,宽约15厘米。全线设旅客乘降车站3处,即上海站、江湾站和吴淞站。

### 清政府选派幼童赴美留学

　　在10岁那年,我即将读完私塾,恰在此时,爸爸的好友谭伯邨专门从香港赶回广州,给我家带来了一个重磅消息:清政府即将选派一批12～14岁的幼童赴美留学,回国后将被授予官位。

对于谭伯邨叔叔带来的这个重大消息,我和父母既感到震惊、觉得不可思议,又感到十分新奇。因为在中国数千年历史长河中,从来没有政府大规模组织年幼的学生远渡重洋求学的先例。

当然,我的父母更不可能意识到,这将是中国历史上具有重大意义的事件,它开创了中国近代留学运动的先河。

据说,发起和倡导这项运动的人叫容闳。容闳在美国学习多年,获得了耶鲁大学的学士学位,成为了中国历史上第一位从美国名牌大学毕业的大学生。

容闳在美国学习了西方的科学文化知识,目睹了美国经济的高速发展和工业化的迅速崛起,他意识到了改革和振兴中国的紧迫性。学成归国,他希望凭借一己之力为国家的发展做出一点贡献。最终,容闳选择了一条教育救国之路。

在1868年和1870年,容闳先后两次向清政府呈上改革中国的计划和建议。其中最重要的一条内容就是建议选拔一批中国幼童,到西方国家留学,以此来培养中国当时急需的人才。

他的建议,在1870年得到了朝廷重臣曾国藩的大力支持。就这样,容闳酝酿了近20年的教育救国计划,终于有机会可以付诸实践了。

1871年底,清政府同意了选派幼童赴美留学的计划。早在当年的夏天,曾国藩就已经指示,在上海筹建"幼童出洋肄业局",由容闳和陈兰彬主持、办理招收和培训留美幼童等工作。

从那一年的夏天开始,幼童出洋肄业局就派官员到上海、广东等沿海地区招收幼童,首批计划一共招收30名学生。

## 顺利获准出国留学

1871年的秋天,我在爸爸和谭伯邨叔叔的陪同下,来到香港参加笔试和面试。留美幼童资格考试的科目为国文读写,学过英文的还要进行加试。

因为我在私塾读过好几年书,有很好的国文基础,所以很顺利地通过了考试。当时的面试由容闳亲自主持,我不急不躁、不卑不亢,既大方又得体,他相当满意。

1872年3月,我接到了幼童出洋肄业局的通知后,赶往上海报到。那时只有11岁的我,在欣喜之余还是有些忐忑的。

到上海后,我被送进专门为留美幼童开设的上海留美预备学堂学习,在那里接受中文和英文的强化训练。3个月之后,我们必须通过中文和英文这两门课的考试,才有资格正式出国留学。

当时,跟我一起进入上海留美预备学堂的第一批幼童共有30名,其中广东人25名,江苏人3名,福建人1名,山东人1名,年龄最小的10岁,最大的16岁。

当时我的父亲还按照报考章程的规定,与幼童出洋肄业局签署了一份具结书,内容如下:

"具甘结人詹兴洪,今与具甘结事:兹有子天佑,情愿送赴宪局带往花旗国肄业,学习机艺,回来之日听从中国差遣,不得在外国逗留生理,倘有疾病生死,各安天命,此结是实。

童男詹天佑，年十二岁，身中，面圆白，徽州府婺源县人士。

曾祖文贤，祖世鸾，父兴洪。

同治十一年三月十五日詹兴洪"

这份清代的法律文书，后来被收藏在中国铁路博物馆。当年每一个留学幼童的家长，都签署了这样的一份文书。

大家很难想象，当年我的爸爸在这份文书上签字画押时是一种怎样的心情。对于每一个留美幼童的家庭来说，这份文书都不亚于一纸生死文书。

我和同学们经过3个月紧张、严格的学习，初步掌握了中英文等基础知识，经学校考试，全部及格，获准出国留学。

我们很荣幸地成为了中国近代史上由政府大规模派出的第一批留学生。

出国前夕，幼童出洋肄业局还特意为我们安排了社交礼仪方面的培训。同时，还为每个幼童发了一床被子和一只小箱子，箱子里装有长袍马褂和六合帽，用来提醒我们不能忘记祖国。

**科学家小故事**

### 带着凄凉的心情向亲人告别

第二批留美幼童李恩富在他的回忆录《我在中国的童年》中描述了他和亲人告别的场景。

"在和我的叔叔婶婶、兄弟姐妹以及街坊邻居告别后,我用传统的方式向我母亲做最后的告别。我没有拥抱她,也没有亲吻她,这在中国传统礼仪中可不是体面的做法。我所做的就是向我的母亲磕了四个头。她努力想显得高兴些,但我能看见她眼中已噙满泪水。"

当时年幼的詹天佑跟李恩富一样,就是带着这种凄凉的心情,告别了自己的家乡和亲人,与其他留美幼童一同踏上了赴美求学之路。

## 04

## 既长知识，又长见识

> **科普小贴士**
>
> **揭开中国自主修建铁路的序幕**
>
> 中国出现第一条铁路5年后，在洋务派的主持下，清政府于1881年开始修建唐胥（唐山至胥各庄）铁路，从而揭开了中国自主修建铁路的序幕。
>
> 唐胥铁路全长9000多千米，采用的是1.435毫米轨距和每米15千克重的钢轨。这条铁路用于开发开平煤矿，所以由开平矿务局负责集资修建。

### 第一次看到铁路，第一次乘坐火车

经过一个月左右的海上漂泊，我们乘坐的轮船于1872年9月中旬顺利到达了大洋彼岸的美国旧金山。

1872年9月15日，美国《纽约时报》还专门报道了我们抵达美国的消息："昨天到达旧金山的30位中国学生都非常年轻。他们都是优秀的有才智的淑女和绅士，并且外表比从前到访美国的同胞更加整洁。他们是由政府资助派遣到这里来学习工业技术的。"

三天后，在陈兰彬的带领下，我和同学们一起离开了旧金山，乘坐火车横穿美国大陆，前往美国东海岸的纽约。这一路，我们走了整整六天六夜。

在长途跋涉中，我不仅看到了异国风光，更目睹了美国正在蓬勃发展的工业文明，当然，这里面也包括我第一次看到的铁路和第一次乘坐的火车。

在我的印象里，当时看到的铁路就像长龙一样蜿蜒，不停地穿过高山、河流和原野，喷着浓浓白烟的蒸汽机车不时发出清脆的汽笛声，威力无比地拉着一节又一节长长的列车车厢，在铁轨上风驰电掣般地穿行。眼前的这一切，既让我无比振奋，也带给我深深的震撼。

从轮船到火车，这些先进的交通工具一下子就让我着了迷。我当时就很想搞明白轮船和火车的动力与机械原理，正如当年我想搞清楚自家那口自鸣钟一样。

## 与诺索布夫妇结缘

经过漫长的舟车劳顿,我们终于到达了目的地——康涅狄格州的一个小镇。这里将是我们今后学习和生活的地方。

我们30名幼童被分成十多个小组,每组2个人或4个人。容闳把我们按小组分配给美国的老师,由老师带回家,在以后的留学生活中,这些美国老师将担负起监护的责任。

我和欧阳庚被分配到威士黑文海滨男生学校校长诺索布先生的家里。诺索布先生是耶鲁大学的毕业生。诺索布夫人是威士黑文海滨男生学校的老师。

在那段时间里,对于我和欧阳庚来说,诺索布夫人不仅仅是我们的启蒙老师,更重要的是,她还给了我们慈母般的关爱和教诲。

诺索布先生家里还有两个小孩,分别叫威利和苏菲，比我小一两岁。他们对自己家里突然出现的来自大洋彼岸陌生国度的两个小男孩充满了好奇，也表现得非常友好。

我们经常在一起愉快地玩耍，度过了一段非常美好和温馨的童年时光。

我们在美国家庭中生活和学习了几个月之后，英文合格的同学直接进入美国的学校就读，英文不合格的则要继续留在美国老师的家庭中，接受补习，并为入学做准备。

出国之前，我曾在国内补习过一段时间的英文，有一定的英文基础，同时诺索布一家提供的全英文的语言环境，也让我的英文水平得到了快速提升。因此，我很顺利地通过了英文考试，并于1873年春天进入康涅狄格州的威士黑文海滨男生学校学习。在这里，我将要学习和生活两年。

### 度过愉快又有意义的一段美好时光

威士黑文海滨男生学校是一所私立的预备教育性质的学校，它的主要任务是培训从中国、日本及南美洲各国到美国留学的幼童，为

他们将来报考美国各大学做准备。

学校的主要课程是学习英语和了解美国的社会知识、风俗习惯等，还包括职业教育、数学教育等，当然也注重心智、身体素质、操行等方面的培养。课余时间，学校还会进行音乐教育，丰富孩子们的生活。

在威士黑文海滨男生学校学习期间，诺索布夫人发现我的数学成绩很好，于是，她鼓励我报考耶鲁大学的理工科专业，未来投身科技事业。我听取了她的建议，也更加刻苦地学习数理方面的课程。

1875年5月初，刚满14岁的我，从威士黑文海滨男生学校顺利毕业，之后又进入纽黑文希尔豪斯高级中学学习，还被编入了特别班。

这所学校，一年分为暑季、秋季、冬季3个学期，只有7、8月这两个月放假。学校的课程安排很紧密，学生们的功课也很繁忙。

在希尔豪斯高级中学的3年里，我系统地学习了美国高中阶段的各科基础知识，其中不仅包括数学、物理、化学等自然科学的课程，还包括欧美各国的历史、语言和文学课程。我当时特别喜欢学习数学、物理、化学等课程。

由于学习勤奋，我的各门功课成绩都还不错。在高中一年级的期末考试中,我的成绩名列全班第二名。

在高中的最后一年,我选修了代数、自然哲学和化学,期终考试时还获得平均分82分的好成绩,是全校的最高分。我的优异成绩,也为中国留学生争了一口气。

除了认真学习各门功课,在3年的学习生活中,我还经常到实验室去做实验,到田园山野去进行社会实践、观察、调查等活动。这也为我日后从事工程实践活动打下了很好的基础。

在刻苦学习的同时,我也积极参加了游戏、滑冰、钓鱼等多项体育运动。

我特别喜欢打棒球,这是一项集体性和对抗性都很强的体育运动,也是在美国及其他西方国家非常流行的运动。我坚持打棒球多年,还跟中国留美学生中的棒球爱好者组建了一个名叫"东方人"的棒球队,经常与美国当地的棒球队进行比赛。

### 一个非常难得的大开眼界的机会

在希尔豪斯高级中学的这个时期,恰好是我从少年成长为青年的时期,也是我求知欲最为旺盛的时期。我越来越被迅猛发展、日新月异的科学技术和工业文明深深吸引。

1876年，贝尔发明了电话；1877年，爱迪生发明了留声机；1879年，爱迪生又发明了电灯……从1873年到1878年，美国的铁路里程达到了一万英里（约16093千米）。

我读高中二年级那年，也就是1876年，费城举办了世界博览会，它展出了美国的各项生产成就及当时世界上最新的科学技术成果。

那次博览会还邀请了包括中国在内的30多个国家参展，各国也展出了自己国家一些独特的展品。博览会盛况空前，展品琳琅满目，既丰富又新奇，吸引了很多的观众前来参观。

对于在美国留学的我们来说，这是一个非常难得的学习和大开眼界的机会。容闳专门派出工作人员，带领当时在美国的所有中国留学生共113人，乘坐火车前往费城参观博览会。

博览会占地面积284亩（约0.2平方千米），分设了许多独立的展览馆。

美国政府馆是最大的国家展览馆，观众可以在这里看到各种最新的科技成果：康涅狄格出产的工具和刀剑；新泽西出产的缝纫机；普林斯改良的自来水笔，保证书写10小时；纽约出产的"华尔山姆牌"表和芝加哥的"爱琴牌"表；还有费城专门为儿童设计制造的幻灯机和放映机等。

如此先进精密的各式机器和科技产品，如此庞大规模的博览会，对于我们来说，就像是进入了外星球一般。

在参观过程中，我的兴致无比浓厚，当然也在心底泛起了一阵涟漪。我一边参观展览，一边想中国何时才能制造出这些先进的科技产品。

在这次博览会上，美国的西方旅客铁路公司在场内修筑了一条长为3英里（4.83千米）的铁路，车头为朱庇特440式机车，拖着一列长长的车厢循环行驶，供观众乘坐和观赏，也方便其领略当时世界上最先进的交通工具的快捷、方便、高效和舒适。

虽然我们都曾坐过美国的火车，然而，无论舒适度还是速度，都无法跟博览会上这列火车相提并论。

当时，刚好是铁路和火车在西方大发展的时代，快捷、方便的铁路运输也极大地促进了经济的蓬勃发展，更是大大地改变了人们的生活方式。

当我们来到中国的展区时发现，自己的祖国展出的都是一些绸缎、银器、瓷器、字画等具有中国特色的产品。

这些手工制品，跟西方国家的科技成果和先进机器相比，感觉落后了整整一个时代。这样的对比，无形中让包括我在内的中国留学生产生了强烈的感触，当然也更激发了我们心中那份强烈的使命感。

我们中国留学生的数学作业、绘画作业和中英文作业，也在教育馆中得到了展出，最后还获得了大会优异奖。

1876年8月26日，我们参观结束后，博览会主席还为我们中国留学生举办了一次特别的茶话会。时任美国总统的格兰特也特意赶来出席，并与我们一一握手。

当我们参观结束回到各自的学校后，每个人都被要求以 *What I Saw at the Exhibition* 为题，写一篇作业，论述自己参观博览会的体会与收获。

## 科学家小故事

### "你好！中国女孩！"

留美幼童们在美国的表现，受到了当时美国社会的一致好评。他们独特的着装、文明的举止、严谨的自律意识，都让当地的人们啧啧称赞。但是，他们身后拖着的长辫子，往往会令美国人疑惑不解。

刚到美国的时候，当他们走在街上时，友好的美国人会热情地跟他们打招呼："你好！中国女孩！"这是让初入美国的幼童们感到很尴尬的事情。

不过，时间久了，大家互相了解了彼此的文化传统和生活习俗之后，相处就变得越来越愉快，类似这样的尴尬也就越来越少了。

# 05
## 刻苦学习工程技术

> **科普小贴士**
>
> **帝国主义列强掠夺中国路权的第一次高潮**
>
> 1894年,清政府在中日甲午战争中战败后,帝国主义国家就乘机对清政府施加压力,攫取中国的铁路权益。他们或强行擅筑,或假借"合办",或通过贷款控制,吞噬和瓜分了1万多千米的中国路权。
>
> 随后,他们按照各自的需要,又分别设计和修建了一批新的铁路。1894年以后,帝国主义列强在中国领土上强行修建和直接经营的铁路有:俄国修建的东省铁路,法国修建的滇越铁路,德国修建的胶济铁路,日本于日俄战争期间擅自修建的安奉铁路。
>
> 帝国主义列强除了强行修建、直接经营中国铁路,更多

> 的是通过贷款来控制中国铁路。如京汉、正太、汴洛、关内外、沪宁、粤汉、津浦、广九和道清铁路等，都是以这种方式被帝国主义列强所控制的。

## 顺利进入耶鲁大学

1878年7月，我以全优的成绩从希尔豪斯高级中学毕业，学业与操行总成绩476分，名列全班第一名、全校第二名，只比第一名的总成绩少了6分。

在高中毕业前夕，我和欧阳庚一起去诺索布先生家做客。诺索布先生认为工程科学技术更加有助于一个国家的经济发展，于是就建议我俩都报考耶鲁大学的工程技术专业。这正合我的心意，也更坚定了自己学习工程技术专业的决心。

随后，我们又去咨询容闳的意见，对于我俩希望学习西方的科学技术来报效祖国的想法，他大为赞赏。当我说出自己想报考耶鲁大学时，容闳更是十分高兴，因为他就是耶鲁大学毕业的。

高中毕业一个月后，我被美国耶鲁大学雪非尔德理工学院土木工程系录取。这个学院的入学考试非常严格，需要通过英文、地理、拉丁文、代数、几何、英国史等多门学科的考试。

当时，土木工程系设有房屋、道路、铁道、隧道、桥梁等专业，我在铁路工程专业学习，这是当时最热门的大学专业之一。

### 获得大学学位荣誉的第一流考生

在美国，我们目睹了科学技术的巨大成就，对机器、火车、轮船及电信制造业的迅速发展赞叹不已。那时的我，怀着坚定的信念对同学们说："今后，中国也要有火车、轮船。"

于是，我更加如饥似渴地学习西方先进的科学技术知识和管理方法。大学一二年级时，我连续两年的数学考试都名列第一，还两次荣获"耶鲁大学数学奖"。

听说，那也是耶鲁大学历史上第一次将这个奖颁给中国学生。对此，容闳还在全体留学生大会上大大地表扬了我。这不但激励了我自己，也振奋了其他中国留学生，更让美国学生对我们中国学生刮目相看。

大学三年级时，我成为耶鲁大学优秀生联谊会会员。我十分珍惜这些荣誉和奖励，还一直珍藏着一枚小巧玲珑的三角形图案金质奖章。

在课余时间，我阅读了大量欧洲作家的文学经典著作。我还喜欢游泳、滑冰、钓鱼、打球等体育活动，也是中国留学生组建的棒球队的主力队员。因此，我经常被同学们称为"游泳健将""棒球能手"。

"在实践中求希望"是我所在班级的座右铭。老师经常带领学生到工地进行勘测设计，在实验室做实验，以提高学生的动手能力。

在大学最后的那个学年，我一有空就跑图书馆、跑码头，去纽黑文港口海陆联运码头做实地调研，一次又一次地进行码头起重试验,还对港口使用的巨型起重机做了详细的分析研究。

经过努力,最后,我出色地完成了自己的毕业论文——《码头起重机的研究》,获得了一致好评。

1881年6月,20岁的我以一等荣誉毕业于耶鲁大学雪非尔德理工学院土木工程系的铁路工程专业,获得哲学学士学位。

我清楚地记得,我的毕业证书上有这样一句话:"詹天佑是获得大学学位荣誉的第一流考生,被光荣地授予哲学学士名衔,并按惯例得到凡升为学士者所应有的一切权利和声誉。"

在毕业时,我下定决心要运用自己在美国所学的铁路工程技术知识,回国后为祖国的铁路建设服务。

## 科学家小故事

### 穿着长袍马褂跳舞

在耶鲁大学读书的时候,家住学校附近的同学有时候会在家里举办舞会。詹天佑的人缘向来很好,所以经常受到举办舞会的同学的邀请,而他也总是欣然前往。

出人意料的是,这个在舞会上穿着长袍马褂、头戴六合帽、拖着一条大长辫子的中国男孩,常常成为时髦、优雅的外国女孩们争相邀请的对象。

跳舞时,他的舞伴们还会好奇地问一些关于中国的问题。每一次,詹天佑都会落落大方地回答她们。

## 06 中断学业,被迫回国

> **科普小贴士**
>
> ### 孙中山十分重视铁路建设
>
> 孙中山先生早年进行革命时,就十分重视铁路建设。1911年,辛亥革命推翻了清政府,建立了中华民国。
>
> 就任中华民国临时大总统后,孙中山先生立即颁布命令,指出:"富强之策,全籍铁路交通,拯宜从速兴筑。"后来,孙中山辞去临时大总统一职后,还接受了"筹办全国铁路全权"的铁路督办职务。
>
> 中华民国铁道协会成立时,孙中山亲自担任会长,并在铁道协会演说时强调了铁路建设的重要性,他说:"今日之世界,非铁道无以立国。"他在《实业计划》中,又提出了修建10万英里(约16万千米)铁路的计划。

### 离开曾经学习生活了9年的美国

按照原先的幼童留学计划，我们要在美国学习15年，大学毕业后还要在美国参加学术和实践活动，巩固所学知识，开阔自己的视野。

然而，就在大家兴致勃勃地为接下来的社会实践做准备时，我们却突然接到容闳带来的一个让人绝望的消息。

清政府命令容闳，让前后四批选送的留美学生中断学业，全部裁撤回国。

当时，在先后四批共计120名留美幼童中，大学毕业获得学位的只有两个人，我是其中之一，另一位是欧阳庚。除已在美国病故3人、中途辍学23人外，其余的94名留学生全部被迫回国。

1881年9月6日下午，我和同学们乘坐"北京城"号轮船，离开了曾经学习生活了9年的美国。我们在海上整整航行了一个月，中途在日本停留了几天，终于在10月6日抵达上海。

### 一家人相拥在一起

1881年深秋，我由上海经香港回到了广州。近10年的时间，广州已经发生了很大的变化。我折腾了大半

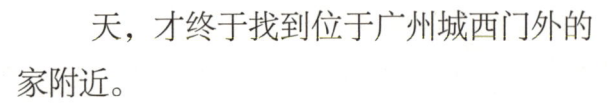

天，才终于找到位于广州城西门外的家附近。

然而，站在有些陌生的街边，我却始终认不出哪一个才是自己的家门。于是，我就向一位在路边摆摊卖菜的老人打听我父亲的名字。

当时，正在街边摆摊卖菜的爸爸，听见一位圆脸青年在向别人的问话中提到了自己的名字，便惊讶地问："你是谁？找詹兴洪有什么事？"

"我是詹天佑，你是……爹！"我一眼就认出了已满脸皱纹的父亲。

他突然发现，眼前这个大小伙子就是分别9年的儿子，瞬间老泪纵横。我的妈妈和姐姐听说后，也赶紧跑了过来。一家人立刻相拥在一起，喜极而泣。

离开家时，我还是个孩子，再回来时已经长成一个大小伙子了，连自己的家人都认不出来了。我的父母曾多次担忧在他们有生之年再也看不到自己的儿子了，没想到我突然间就冒出来了。

我后来于1896年12月在写给诺索布夫人的信中还特别提到：当我初回中国时，我非常高兴我的双亲健在，他俩还活着，我母亲已经70岁了，父亲也70多岁了。

**各自走上不同的人生道路**

学习铁路工程专业的我，十分关注国内的铁路发展情况。就在我回国的1881年初，由开平矿务局负责集资修建了唐山至胥各庄的运煤铁路。唐胥铁路长9000多千米，由英国工程师金达主持修建，是中国第一条官督商办铁路。

我听说后很是欣喜，希望自己能学有所用，早日为国筑路。但是，清政府官员并没有按我们的专业特长给我们分派工作，而是非常草率地把我们这些胸怀壮志的留学生分配到了不相关的职位上。

我们94名回国的留学生，有的被派到天津北洋电报学堂教英文，有的到天津道台衙门当助理翻译，有的到上海江南兵工厂学艺，有的被分配到福州船政学堂、天津水师学堂"继续完成学业"。

后来，我们就各自走上了不同的人生道路。有的人

## 这才是你该追的星
### 詹天佑

无法适应当时国内的各种压力,先后重返美国;有的人进入政府部门担任要职,其中有些人还在我后来修筑京张铁路过程中给予了帮助和支持;而大多数人则是在采矿、教育、修建铁路、海军等职业中,为祖国做出了自己的贡献。

除此之外,还有一部分人在甲午海战中,为抗击列强侵略而献出了自己宝贵的生命。

> **科学家小故事**
>
> **棒球友谊赛大获全胜**
>
> 1881年回国途中,中国留学生在经过加州三藩市(今旧金山)时,奥克兰棒球队听说中国留学生中有一支棒球队,就盛情邀请他们进行一场友谊赛。
>
> 包括詹天佑在内的棒球队队员欣然应邀。比赛当天,很多华人、华侨到场助阵,中国留学生的棒球技术令奥克兰棒球队大为惊讶。中国留学生动作敏捷,反应迅速,比赛最终以中国留学生大获全胜而结束。
>
> 在场的华人和华侨,全都欢呼雀跃。对于中国留学生来说,这场赛事也算是归国途中一件令人高兴的事情,暂时驱散了他们心中的阴霾。

# 07
## 辗转7年，默默任教

> **科普小贴士**
>
> **帝国主义列强掠夺中国路权的第二次高潮**
>
> 袁世凯在1912年宣布"统一路政"，解散了各省商办铁路公司，把各省已经建成和正在兴建的铁路全部收归国有。
>
> 在袁世凯执政的4年时间里，就有10余条、共计13000多千米铁路的路权被出卖。日本于1913年10月强行索取了"满蒙五路"的筑路权之后，又于1914年8月，借口对德宣战，强占了胶济铁路。1918年9月，段祺瑞又将吉长、四郑、四洮、吉会及"满蒙四路"和济顺、高徐等铁路的权益出卖给了日本。
>
> 北洋政府时期（1912—1928年），在关内修建了约2100千米铁路，大都是原有铁路的展筑和延续；在东北修建了约

> 1800千米铁路，多数是日本采用借款、垫款或"合办"等方式修建和控制的，还有一些是官商合办的铁路。

## 到福州船政学堂学习和任教

1881年11月，在铁路专业学有所长的我，同欧阳庚等16名留学生一起，被派往了福州船政学堂。作为福州船政学堂第八届学员，我们被编为一个班，进行回国后的"补习"和"深造"，在轮机车间学习海军轮船驾驶与航海等专业知识，每月的薪水为4两银子。

福州船政学堂是清政府建立的附属于福州船政厂的一所海军学校，是当时中国规模最大的培训海军人才的学校，位于福州马尾三歧山下，始建于1866年，最初叫"求是堂艺局"。

按照当时的规定，留美幼童学成回国后，政府要赏给官阶顶戴。因此，1881年12月，我也获得了五品军功。

在学非所用的情况下，我并没有气馁，而是一如既往地努力学习算术、解析几何、球面三角、代数、航海天文学、航海理论、地理、气象等这些相当于中等专业学校程度的课程。这些课程主要是培养学生的动手能力，我计划用两年半的时间学完。

在此期间，我依然保持刻苦、严谨的学习态度。最后，我竟然在一年之内就完成了全部课程的学习。1882年秋天，我以考试第一名的成绩毕业，并获五品顶戴。

毕业后，我与其他同学一起到扬武兵舰上实习，到船上练习航海驾驶技术，并训练自己的胆识。1884年，我还被考核为一等功第一名。

没想到，我初步展露出来的学识和才华，很快就引起了时任福州船政大臣何如璋的注意。经查阅我的个人资料，他发现我的各门功课都是优等，又是五品军功衔。于是，我在1884年初就被升任为福州船政学堂教习，主要教授英语和测绘两门课程。

### 绘制出我国首套精细海图

1884年10月，我受张之洞的聘请，到广东博学馆担任英文教习。广东

## 这才是你该追的星
### 詹天佑

博学馆是清末培养军事科技人才的学校,最初的名字叫"西学馆"。从1884年到1888年,我一直在广东博学馆担任英文教习。

我到任后不久,博学馆就增开了测绘这门新课。而这门课,恰好是我在耶鲁大学最擅长的课程。于是,我主动承担起测绘课的教学任务,还经常带领学生们到黄埔一带进行实地测绘。

令我意想不到的是,我在测绘过程中发现,广州周边的官方海防地图有多处数据不准确。我深知,军事地图就是"军队的眼睛",地图不准确就会导致军队打仗的时候"瞎眼"。

曾目睹过中法海战(马江之战)和福建水师舰船惨重损失的我,深感加强海防的重要性。于是,我把这个情况如实上报给了张之洞。张之洞听后非常重视,立即指派我带领几名学生进行进一步的详细测绘,并制作出一套精准的广东沿海海图。

1886年,我调用了博学馆一艘中型教练舰,带领几名学员,拿着原来的广东海防图、望远镜、测量仪和绘图设备,从黄埔长洲岛向珠江下游航行,开启了两个月的测绘之旅。

我在耶鲁大学土木工程系专门学习过地形测量学、

铁路路线勘测学。因此，我运用所学的勘测与绘图方法，带领大家深入沿海海岸和岛屿进行测绘。

之前的海防图都是采用绘画的方式标注沿海图景，我采用的是图标、比例尺和等高线等绘制方法，这就比原来的方式精准了很多。

从1886年2月到1887年8月，我历时一年半，终于绘制出了我国首套精细海图。广东海图共有广东全省海图、海口图、海防图等25幅，还包含一本《图说》。这部中国较早的完备海图，也成为了日后学者研究晚清广东海防地理和海岸线变化的重要依据。

张之洞收到这套海图后十分高兴，因为这套海图既清晰又准确，而且注说也很详细明了。

在1887年的冬天，张之洞带上我和其他人，一起乘坐轮船巡海。他对所绘各图详加校对、核查，随后便将这些海图上报给了政府。

记得张之洞在《进呈粤海图说折》中曾写道，詹天佑率领的"各该员生等出入风涛，无间寒暑，候潮汐，测沙礁，辨岛屿，凡轮船可达之处，战守缓急之宜，靡不周历审视，反复推求"。由此可见，我们当时测绘海图也是非常艰辛和相当不易的。

随后，我再次奉命带领学生重新修筑了广东沿海重要位置的海防炮台，对许多薄弱点位进行了加固，还在一些重要关口增设了炮台。这可以说是铁路工程专业毕业的我，在回国初期对我国海防事业做出的一点贡献了。

虽然我回国几年都还没有机会为国家修筑铁路，但我没有任何怨言，更没有消沉堕落。当时的我，在每一个工作岗位上都兢兢业业地干事，一丝不苟地工作。

**短暂的安逸和温馨的家庭生活**

1887年，26岁的我在澳门与谭伯邨的女儿谭菊珍举行了结婚典礼。新婚生活是快乐的，考虑到我的妻子从小在澳门长大，我便在工作之余经常带她去广州这座既陌生又新奇的城市游玩，并给她介绍广州的人文和历史。

一年后，我们的第一个孩子出生了，给我们这个小家庭带来了无限的温情和乐趣。那是我一生中难得的短暂的安逸、温馨的家庭生活。

自1888年投身祖国的铁路工程事业后，我的妻子和孩子就开始跟着我天南地北地辗转于各个工地之间，几乎跑遍了大半个中国，常年过着风餐露宿的艰苦生活。

有一张照片如实记录了我当时以工地为家的场景：在一间简陋的工棚里，妻子正在缝补衣服，孩子坐在桌边，我躺在吊床上聚精会神地看书。

我和妻子感情深厚，相亲相爱地度过了一生。我们一共生育了8个孩子，他们有着6个不同的出生地，其中，3个孩子是在我的家乡广州出生的。

### 科学家小故事

**马江之战中勇救溺水官兵**

1884年8月23日，法国舰队在福州马江以突然袭击的方式，猛烈攻击毫无准备的中国福建水师舰队。这就是历史上著名的"马江之战"。

法国舰队在炮击烧毁福州船政局造船厂与福州船政学堂的校舍时，詹天佑的住室、物件也全部化为灰烬，甚至他曾获得的"五品军功状"也损毁了。

在极为危险的情况下，詹天佑不顾自己，不怕危险，第一时间跑到战火燃烧、弹雨纷飞的马江岸边，与当地许多精于水技的乡民一起奋勇跳入马江，援救溺水官兵。他就这样在江水中度过了整整一天。

**这才是你该追的星**
詹天佑

> 在中法战争期间,上海英商所办的《字林西报》在报道中法马江之战时,还曾有这样的记述:"这次中法海战,约经五小时三刻钟。西方人士料不到中国人会这样勇敢力战。扬武兵舰上的学生五人中,以詹天佑的表现最为动人。他临大敌而毫无畏惧,并且在生死存亡的紧要关头,还镇定如常,鼓其余勇,由水中救起多人。"

# 08

# 投身铁路，初露锋芒

> **科普小贴士**
>
> **帝国主义列强掠夺中国路权的第三次高潮**
>
> 　　1928年，南京国民党政府执政以后，主要以官僚买办资本与帝国主义垄断资本"合资"的方式修建铁路，先后修建了浙赣铁路、粤汉铁路株韶段、陇海铁路灵宝至宝鸡段、江南铁路、淮南铁路、苏嘉铁路和同蒲铁路，以及商办个碧临石铁路等干支线，共长约3600千米。
>
> 　　日本侵略者在中国东北先后修建新铁路线约5700千米。"七·七"事变以后，中国关内约9100千米铁路沦入敌手，到1944年又丢失约3000千米。至此，中国90%的铁路都被置于了日本侵略者的铁蹄之下。
>
> 　　抗日战争期间，南京国民党政府在西南和西北的"大后

> 方"也修建了几条铁路，主要有湘桂铁路、黔桂铁路、滇缅铁路、叙昆铁路、綦江铁路以及陇海铁路宝天、天兰段。不过，有的铁路建成后很快就沦于敌手，有的中途停工或拆除他用，还有的直到中华人民共和国成立时也没有建成。

## 第一次与铁路工程相遇

1888年，经留美同学邝孙谋的推荐，27岁的我进入了中国铁路公司任帮工程师，即外籍工程师的助手，负责从塘沽到天津铁路的铺轨工程。

这是我从耶鲁大学毕业6年多后，第一次与铁路工程相遇，正式从事铁路事业。

面对突如其来的喜讯，我甚至都有些不敢相信。于是，我赶紧收拾行李，告别妻儿，匆忙北上赴命。

我进入中国铁路公司时，正赶上公司紧张地修建塘沽到天津的铁路。过了一段时间，总工程师金达就把我分派到了津沽铁路工地，负责指挥铺轨作业。

我很快就以极大的热情投入到了自己期盼已久的铁路工作中。我在工地上和工人同吃同住，一起奋斗，很快就跟工人们打成一片。

白天，我会安排摆放运来的铺轨材料，各类枕木、路轨与配料经过我的指挥，被井井有条地码放在路基两侧；晚上，我就在住处独自看设计图纸，查阅技术书籍。

我抓住这次初露头角的机会，仅用了80天，就出色地完成了津沽铁路40千米的铺轨任务。

正是这次小试牛刀，为我走上中国铁路建设之路打下了较好的基础。从此，我就义无反顾地投身到我国早期铁路建设事业中了。

### 勇敢地接受历史向我发出的第一次挑战

1890年，为了加强防务，清政府决定沿着唐津铁路，向东北关外修建关东铁路，总工程师还是英国人金达。

这条铁路以唐山站东部的古冶为起点，经过山海关、锦州、广宁、新民屯至沈阳，然后往吉林方向前进。作为东北的铁路干线，其总长2000多千米，全部由政府出资修建。这被认为是我国第一条官办国有铁路。

于是，我又被金达从中国铁路公司调往关东铁路工地，负责督修从古冶到滦州的铁路工程。

我带着满腔热忱投入新的工作中。我依然和工人们

## 这才是你该追的星
### 詹天佑

一起，带着仪器，翻山越岭，从勘测、计算、设计到施工，每一个环节我都亲力亲为，还经常通宵达旦地修改图纸。

由于前期准备工作做得很细致，后期的修筑过程也很顺利，所以整个工程的进度比预计的提前了一些。

然而，1892年初，当工程进展到滦河边上时，金达和他的团队却迎来了巨大的考验——必须在滦河上架起一座铁路桥。

滦河流经关东铁路必经之处，谷深坡陡，落差较大，周边都是山岭，河床淤沙很深，地质又很复杂，所以修桥的任务非常艰巨，这也是清末修建铁路以来遇到的第一个高难度工程。

金达把修建铁路桥的任务交给了他的同胞——号称世界第一流工程师的英国人柯克斯。

柯克斯没有进行认真勘查，草率地选择了工程地点。结果由于夏季河水漫滩，他选择的建桥地点的水面由平时的宽50

米漫到了600米，加上滦河的水流湍急，桥基所在的河床流沙层又很厚，打桩总是无法成功，桥墩更是筑了又塌，塌了又筑。

后来实在没有办法，柯克斯只好又将工程转包给要价较低的日本工程师去做。但这一次，桥桩都还没来得及打好，就被激流冲得无影无踪了。

眼看交工的日期渐渐临近，金达心急如焚，便又请来了一个德国工程师。这个工程师十分傲慢，仅凭主观猜想，就武断地采用空气打桩法，结果连桥桩都还没打下去，就不得不"望河兴叹"，垂头而去。

情急之中，金达突然想起了我，决定让我去试试看。于是，他紧急任命我担任古冶到滦河段的工程师，负责修筑滦河铁路大桥的工程。

金达刚开始以为我可能会拒绝啃这块"硬骨头"，但时年32岁的我，勇敢地接受了历史向我发出的第一次挑战。

> 这才是你该追的星
> 詹天佑

## 独创"气压沉箱法"来建造桥基

临危受命后,我冷静地分析了其他几位外国工程师的打桩方法和屡次失败的原因,同时深入滦河工地,调查分析了多处水流和河床地质等情况。

那时,我一门心思在工程上,有时走入茅屋,向老船工询问滦河水流的变化情况;有时走进工棚,向有经验的老工人请教施工问题;有时又深入工地,勘测水深、流速、河床地质……

最后,我终于掌握了丰富、详实、可靠的第一手资料。在缜密的比较和分析后,又通过反复的测算与试验,我重新选择了桥址,确定了施工方案。

我为这座桥设计了钢架结构,桥长670米,桥洞17孔,桥墩16座,桥台2座。在当时,应该算得上是中国最长的铁路大桥了。

在桥梁建造中,最关键也最困难的就是桥墩的建造。当时我大胆地采用了一种自己独创的方法——"气压沉箱法"来建造桥基。所谓"气压沉箱法",就是将密不透水的无底巨箱,倒置于河床之上,在箱里灌入压缩空气。

根据物理学原理,当箱内空气压力与箱外河底水的压力相等的时候,箱内的水被强力排出,河底就会显露出来。接下来，工人就可以将基础混凝土灌注在坚硬的岩层地基上，形成坚实的大桥桥墩基础。

为此，我还聘用了滦河周边水性很好的居民，让他们潜入水底，配合机器操作，从而顺利地完成了打桩任务。

在施工过程中，我和工人们一块儿在泥水里摸爬滚打，最终建起了第一座桥墩。这座桥墩终于可以傲然挺立于激流之中，我顺利地解决了建桥最关键的桥基问题。

在第一座桥墩完工的当晚，"老天爷"好像也要考验一下它，下了一场滂沱大雨。从滦河上游涌来的滚滚浪涛，好似凶猛的野兽，像要吞噬掉一切一般，猛烈地向我们刚建好的桥墩发起一次又一次的冲击。

不过，我们修建的这座桥墩纹丝不动。中国工程师自己建造的桥墩，最终经受住了滔天洪水的考验。

经过艰苦奋斗，一座大铁桥横跨滦河两岸，胜利建成。中国人终于依靠自己的工程师，顺利地设计、建成了第一座铁路大桥。

外国工程师们解决不了的问题，被中国自己的工程师成功破解，这令全世界工程界都刮目相看。

因此，1894年，我被选入英国土木工程师学会。

从此，我也开始在国际上崭露头角了。据说，我是中国工程师中入选该学会的第一人。

其实，我小时候就细心研究了北宋李诚著的《营造法式》和明代宋应星的《天工开物》。这两本书中，都有关于桥梁基础的论述。我通过中西合璧的方法，才最终解决了"桥墩"这个最关键的技术难题。

## 被调往津卢铁路工地

随着滦河铁路大桥这一难点工程的突破，1894年的上半年，古冶至山海关的关内铁路也顺利建成通车了。

就在关东铁路沿着山海关继续往东修建至辽宁省绥中县时，却传来了政府暂停拨款、铁路停止修建的噩耗。

几个月之后，中日甲午战争爆发了。这场战争不仅导致了关东铁路的停修，还让已修好的铁路遭到了严重破坏。

在关东铁路被迫停修的那些日子里，我经常开着压道车在铁路沿线巡检。虽然不能继续修建铁路，但我依然要尽可能地保护好已经修建完成的铁路，尽心尽责地做一个"守路者"。

甲午海战后，中国铁路建设又迎来了一个快速发展的时期。1895年，清政府决定先修建天津至北京之间的铁路，于是成立津卢铁路局，主持修建津卢铁路事宜。

1895年秋天，我被金达调往津卢铁路工地，出任筑路工程师一职。我按照金达指定的路线，和工人一起跋山涉水，进行勘测计算。铁路开始施工后，我就在施工现场指导和检查工人施工。

自1895年底开工后，筑路进展还算是比较顺利的。这条铁路从天津东站出发，往西北方向延伸，跨过北运河，经过廊坊、黄村、丰台，抵达北京西南的卢沟桥，全长约120千米。历时一年，于1896年底竣工。

津卢铁路通车后不久，年迈的恭亲王奕䜣从北京出发前往天津办事，仅用了3个小时就走完了120千米的路程。同样是这段路，以前乘坐骡车需要大约一天的时间才能走完。

第一次坐火车的经历，对奕䜣来说是很震撼的。他从天津回到北京后，就立刻指示将津卢铁路从丰台延伸到北京城。

1897年5月，铁轨铺至北京右安门外马家堡，这也成了津卢铁路的终点站。至此，津卢铁路总长就扩展到了127.2千米。

这才是你该追的星
詹天佑

## 参加续修关东铁路的工程

1897年，清政府决定继续修建关东铁路，从绥中经锦州到沈阳。锦州首段工程于1898年开始动工后，我便又被调往锦州，参加续修关东铁路的工程，同时还被任命为锦州首段的驻段工程师。

那个时候，我沿着渤海辽东湾海岸，跟工人们一起深入工地，夜以继日地指挥这段工程的修建。仅用了一年时间，锦州首段工程就建成通车了，全长118.7千米。

接下来，关外铁路继续向东北推进，我又开始修建这段约176.1千米的工程。

这段工程的进展比较顺利。1900年7月，只要完成从大虎山到新民屯的69.7千米的工程，再修建几十千米就可以抵达沈阳，关外铁路就能实现全线竣工，关东铁路就大功告成了。于是，我和同事们干劲十足，希望能够早日建成关外铁路。

然而，动荡不安的国内外局势，再次让关外铁路被迫停修。1900年夏天，国内爆发了义和团运动。同年8月，八国联军进入北京，慈禧太后和光绪皇帝至西安避难。

俄罗斯军队以保护侨民的名义占领了山海关以北所有的铁路线，山海关以南的铁路则被英国军队占领。我和同事们也只能忍受着巨大的屈辱坚守在铁路线上，等待局势的好转。

## 坚持采用标准轨距

1901年初，我突然接到了铁路督办大臣盛宣怀的电报，并很快被调往江西萍乡，负责主持修建萍醴铁路。

接到邀请后，我将手头的工作交接好后，便立即动身前往武汉拜访盛宣怀。因为八国联军的入侵，当时萍醴铁路已经停工近10个月了。

我抵达江西萍乡后，马不停蹄地赶往工地督促复工。很快，我发现这段铁路准备采用窄轨。

对此，我大为不解。我很清楚，美国大多数铁路都是使用国际标准轨距的铁轨，我这些年在北方修建的铁路，也是使用国际标准轨距的铁轨。只有这样，才能保证全国铁路运输畅通。

于是，我立即向这条铁路的总工程师——美国人李治提出了自己的疑问。没想到，李治却这样答复我："此路所经地区，山区路线约占全线的40%，线路急弯很多，同时政府所拨付的修路款项也很有限，如采用标准轨距就会增加费用。"

## 这才是你该追的星
### 詹天佑

虽然我平时为人和善，对待大多数事情和人都很包容，但是一旦涉及修建铁路，我就一定会一丝不苟。我告诉李治，修建铁路必须着眼长远，这条铁路总有一天会成为湖南、江西两省之间的铁路干线中的一段或一条支线，必须改成标准轨距。

为此，我们二人争执不下，互不相让。最后，盛宣怀还是同意了我的意见，决定按照标准轨距来修建萍醴铁路。但这却使得李治恼羞成怒，还直接带着所有的前期测算数据和施工图纸愤然离开。

这样一来，所有工作都需要从头开始。于是，我带上几位年轻的学徒开始跋山涉水，加班加点地测量和设计。江西山区的冬天特别难熬，我把全部心思都用在了铁路上，夜以继日地守在第一线，跟工人们一起赶工。

1902年，正当我全身心投入修建萍醴铁路时，我收到了一份来自京城的调令，让我马上动身北上，收回英国和俄罗斯手中的关内外铁路。

不知不觉，我已经为萍醴铁路工作一年多了，所剩的工作也不多了，竣工在即。于是，我赶紧交接完工作，奉命北上。

1903年，萍醴铁路竣工通车，全长38千米。中华民国成立后，随着粤汉铁路的修建，萍醴铁路就成为了连接江西、湖南、浙江的铁路干线的组成部分。正是由于我当时坚持主张采用标准轨距，才使这段铁路最后可以顺利连接到全国的铁路网络。

在接收关内外铁路时，我看着被不同程度损坏的桥梁、线路工程及机车车辆，心中悲愤不已。我一方面尽量收回关内外铁路，另一方面又加快完成已经收回的铁路的整修，同时还要继续展修关外铁路。

就是在这样的情形下，我指挥工人完成了从大虎山到新民屯的铁路修建工作。经过修整的铁路，一个月后就恢复通车，投入运营了。

### 第一次独立主持承建一条铁路

1902年至1903年，就在参与关内外铁路的接收工作期间，我又被临时调去参加修建新易铁路（又称西陵铁路）的紧急工程，历时4个月。

这是我第一次独立主持承建一条铁路，也是中国铁路建设史上由中国人自主修建的第一条铁路，是完全由中国工程师设计与建筑施工、全部用中国款项修建的第一条铁路。

于是，我暗下决心，一定要为中国争光，为中国工程师争气,为中国的铁路事业开辟新路。

同时,我对自己的学识、技术及工程经验也有信心,我相信自己一定能与其他的中国工程技术人员及筑路工人紧密合作,圆满建成这段铁路。

1902年11月,我到达新易铁路建筑工地后,立即投入工作。接受这项在别人看来几乎不可能完成的任务后,我日夜奔忙,每天都工作15小时以上。那时我白天测量,晚上设计图纸,带领全体工作人员日夜施工,许多个夜晚忙得不能入睡。我坚持细心调查,周密计划,因地制宜,想方设法要确保工程顺利完工。

当时,我面临着许多困难:一是季节不合适,整个施工期都在冬天,正是北方天寒地冻之时;二是建筑材料短缺,而且运输十分困难;三是时间太短,工期紧迫。

为了确保工程进度,我带领几个助手和工人顶风冒雪,奔波在山野间,精心勘测、选线,指挥各方面人员迅速备料、施工。经过认真思考,我决定在施工中大胆采用技术变革与应急措施,做到既保证质量,又能按期完工。

我首先打破了外国铁路建筑中路基风干一年才能铺轨钉道的惯例,采用了对路基加倍下力气夯实,边修路基边铺铁轨的方法，这样就大大加快了筑路的进度，缩短了工期。

我还考虑到，新易铁路是一条临时的专用铁路，它只载客，并不运行载重列车，于是我决定，在铺轨时先暂时疏铺轨木，岔道部分则借用关内外铁路的旧铁轨。同时，由于沿路各桥梁的跨度不算太大，所以暂时不造铁桥，而是采用木制结构的便桥。

通过这些措施，我们不仅解决了材料短缺难题，而且不会耽误工时，也没有影响火车正常运行。

经过周密设计、努力工作和大胆改革，新易铁路终于在1903年2月下旬提前竣工。

### 积累了当总工程师的经验

1903年4月5日，慈禧太后和光绪皇帝一行浩浩荡荡，从永定门出发到达高碑店，乘坐火车到西陵谒祭。他们只用了两个多小时就到达了易县。

1903年4月，清政府正式奖励修建新易铁路的主要人员，还高度赞扬我建成新易铁路的功绩，并称我为"中国工程中杰出人才"。这也为我后来修建京张铁路打下了坚实的基础。

等慈禧太后和光绪皇帝祭祖结束，我立即组织工人对全路进行了修整和加固,桥梁、轨道等全部按照标准要求重新修筑,将原来的临时便桥加固为永久性桥梁,原来的枕木因运料不及而铺置间距较大的地方,均按照规定增补齐全。

最后,新易铁路完全按照标准铁路干线要求修建,全线工程质量都达到了标准铁路的规范要求。

新易铁路的建成,既使我增加了学识,积累了独立组织指挥整条铁路勘测、设计、施工的经验,也让我在中外工程技术人员中树立了较高的威信。

我用独立建成新易铁路这个铁的事实,第一次向全世界证明,中国工程师完全能独立自建铁路!有了第一次,还必然会有第二次、第三次……

我主持修建新易铁路,也积累了担任总工程师的经验。15年来,我虽然先后参与修建了6条(段)铁路,但前提都是外国总工程师主持,我只是完成一些局部任务。

新易铁路虽然不长,却是一项独立工程。我担任的是总工程师,负全责,需要掌握勘测选线、筑路基、购料、建桥、铺轨、通车试行等各个环节,驾驭全局。

从1903年底到1905年初这一年多的时间里,我还应邀分别对潮汕、沪宁、道清等铁路进行了查勘。

## 08 – 投身铁路，初露锋芒

1903年9月，因父亲病逝，我告假回家治丧。在广州期间，地方绅商慕名聘请我为潮汕铁路公司顾问，请我帮助勘测潮州至汕头铁路线。

1904年，我从广州途径上海时，被中国铁路总公司聘为沪宁铁路工程顾问。那时我奔波于上海至南京沿线，在原有勘察基础上，完成了沪宁铁路选线图。沪宁铁路全长311千米，1905年4月正式动工，1908年4月1日全线通车。

1905年3月，我前往道清铁路调查核实财产，协助中国铁路总公司与英国福公司签订借款合同。

自1888年投身修建唐津铁路开始，从滦河大桥到津卢铁路，从关内外铁路到新易铁路，不知不觉间，我修建铁路已经17年了，积累了丰富的筑路经验。

### 科学家小故事

**只拿了一只小座钟作为纪念品**

慈禧太后对乘坐火车到西陵祭祖很满意，对新建的新易铁路也很满意，一路行车快速又平稳。于是，在谒陵结束后，她立即召见了詹天佑，对他大为赞赏，还传令将她所乘

### 这才是你该追的星
**詹天佑**

> 车厢内的全部摆设用品奖给詹天佑。
>
> 可是，詹天佑首先想到的是，新易铁路的建成，不是他一个人的功劳，而是全部修路人员集体的功劳。因此，他就在那些琳琅满目的奖品中，只拿了一只小座钟作为建造新易铁路的纪念品，将其余奖品分发给了其他修路人员。

# 09
## 筑成京张，名扬四海

### 科普小贴士

**中国人自行设计和施工的第一条铁路干线**

京张铁路是詹天佑主持修建的铁路，它连接北京丰台区，经八达岭、居庸关、沙城、宣化等地至河北张家口，全长201.2千米，于1905年9月开工修建，1909年建成。它是中国第一条不使用外国资金及人员，由中国人自行设计和施工的铁路干线。

在修建京张铁路时，擅长解决难题的詹天佑借鉴美国高山地区铁路设计方法，在青龙桥设计"人"字形铁路，也叫"之"字轨道，用以"长度"换"高度"的原理减小了高度差，成功解决了火车不能直接爬坡和转弯的难题。

这样的设计可以将线路的坡度降低至28‰，隧道也由原

## 这才是你该追的星
### 詹天佑

> 测的1800米缩短为1091米,而且工程费用还可节省10万两白银,施工的强度和难度也相对降低。
>
> "人"字形线路的选定,使八达岭隧道长度减少近半,顺利解决了京张铁路通过八达岭的关键问题。这是一项极为大胆而果断的举措,"人"字形铁路的修建也成了京张铁路的一个创举。

### "中国能够修建这条铁路的工程师还没诞生呢!"

1905年,清政府决定自建京张铁路。

1905年5月4日,我接到任务,要求我对拟修的北京到张家口之间的铁路进行测量,并任命我为京张铁路局会办兼总工程师。

这时,我的心情有些复杂。一方面,我为中国第一次完全用自己的工程技术人员和资金,独立承办勘测、设计与修建这条非常重要的铁路干线工程而欣慰。

当时,我在给朋友的信中这样写道:"中国正在觉醒,已感到需要铁路。几乎在中国各地,现在都需要中国工程师,用本国的资金,修筑中国自己的铁路。"

另一方面,我又因中国第一次独立承建京张铁路干线的重任落到自己的肩上而深感自己责任重大。作为一个在铁路线上工作了17年的工程师，我深知修建这条铁路的难度。

这项工程是否能成功，还关系国家的荣辱。我在给朋友的信中还曾这样写道："我好像成了中国为首的工程师，所有的中国人和外国人都在密切注视着我的工作：如果我失败了，那就不仅是我个人的不幸，还是所有的中国工程师和中国人的不幸，因若如此，中国工程师将失掉大众的信任。"

这是中国人自己主持铁路建设工程的开端。一时间议论四起，还立刻招来了外国人的嘲笑。英国人甚至挖苦说："中国能够修建这条铁路的工程师还没诞生呢！中国人想不靠外国人而自己修铁路，就算不是梦想，至少也得再过50年。"

金达甚至在《哈勃周刊》上这样写道："这个学识渊博的小徒弟，干不了这活。""没有一个中国人能把火车推上南口关口到张家口，因为在那10英里（16.09

千米）的距离却足有1800英尺（约549米）高。"后来，我还专门把这则外文报道从报纸上剪了下来，并一直保存。

还有个叫福斯特的美国人，他在华盛顿的报纸上公开撰文，针对我曾从福州船政学堂毕业并在舰船上实习工作过的那段经历，直接嘲讽道："现在还没有任何一个中国工程师是从船上毕业的。"

面对这些质疑，我却坚定地说："中国地大物博，而于一路之工，必须借重外人，引以为耻！"

### 首要任务就是完成路线的勘测选定

要完成这一艰巨的铁路修建工程，首要的就是路线的勘测选定。只有选择好线路，才可以为以后的所有工作打好基础，比如路基的铺筑、桥梁的搭建、山洞的开凿等，甚至还可能涉及铁路修建结束后的营运、后续铁路的维修等。

因此，作为京张铁路的总工程师，我的首要任务就是要完成路线的勘测选定。

在勘测队伍中，除了我，还有两位助手，分别是山海关铁路工程学堂的第一届毕业生张鸿诰和徐文炯。

5月10日，我们用一头毛驴驮着勘测仪器，从丰台以东的关内外铁路柳村第60号桥起,向北开始勘测。我和两位助手同吃同住,一起工作,走到哪里,我们就住在哪里。

我们先沿着关内外铁路局原先计划修建的万寿山铁路支线选定的路线前进,再往北向张家口方向进行测量,过大石桥、城府等地,最后到达沙河镇。

在勘测南、北沙河时,我向当地人详细了解了这条河历史上洪水期间的最高水位、水流情况等,初步估算了设计建造南北两座沙河桥的长度、孔数和跨度,以及相应的路基填土高度、沙河镇车站的设立位置等。

我每天都将勘测与调查情况、自己的判断与初步设想等,详细地记录在日记本上。

从丰台至南口镇的道路比较平坦,勘测工作也进展得比较顺利,有时甚至一天能前进10多千米。5月16日,我们到达了南口镇。

接下来,我们就从南口镇进入关沟险峻的山地了,那里将是京张铁路修建中最为艰巨的工地之一。

其实,经测量,关沟地段并不长,只有不到20千米。但是,高低相差180丈(约600米),坡度极陡。这一地段除了居庸关、八达岭等地形险峻之外,其余之处也都是崇山峻岭、巨壑深涧、悬崖峭壁。八达岭是最高峰，山顶高耸入云，异常险峻，雄伟的长城就从其山脊上蜿蜒伸向远方。

很显然，在当时的条件下，在关沟地段近20千米的高山深壑之间修筑铁路是相当困难的。

当我们进入关沟地段后，勘测工作进行得就较为缓慢了，有时甚至一天只能前进三四千米。

我们不仅要测绘地形、测量水准、计算里程，还要了解地质土壤情况，以便选出最佳的线路，同时还要对未来铁路桥梁、开挖山洞隧道以及填挖土方等逐一进行测量和计算。

工作人员在悬崖峭壁上定点勘测时，一不小心就有可能坠入万丈深渊。但无论多么艰险，我对勘测工作的要求都是非常严格的。

有一次，一位年轻的勘测人员因为天气恶劣，又是在峭壁上勘测，没有认真勘测就草草结束了。随后，我问起他具体的数据时，他就用"差不多"这样的词语来敷衍我。

我就严肃地告诫他，工程勘测是极为严谨的工作，绝不能出现"差不多""大概"这样的情形，否则会对以后的工作造成难以预料的影响。

有时候，我还会对别人的勘测结果进行二次勘测。

于是，就有人当面对我说："如果你不信任我们，干脆就不用让我们测量了。"

当时，我就既诚恳又严肃地对他说："并不是我不信任你们，工程勘测工作事关重大，多测量一次就减少一次出现失误的可能。"

我在进行二次勘测时，有的时候也确实会发现一些问题。最后，这些工作人员心悦诚服地按照我的要求去做，对勘测的线路总是主动地一次又一次复勘，不断地校正错误，以求得最精确的数据。

就这样，我带着学生和工人，扛着标杆，背着经纬仪，在峭壁上定点、测绘。

哪里要开山，哪里要架桥，哪里要把陡坡铲平，哪里要把弯度改小……这些都需要由工作人员认真勘测，周密计算。白天，我们翻山越岭，勘测线路；晚上，我就在油灯下进行绘图和计算。

我当时在勘测日记中曾这样写道："极为强烈的西风不住地迎面吹来，因而工作进展缓慢。狂风扬起满天黄沙，咫尺莫辨，视线被阻，不得不停止工作。"

### 总算完成了京张铁路的路线勘测

关沟地段到处都是崇山峻岭，要通过那里就需要打通山脉、开凿山洞、架设高桥，因此是任务最艰巨的地段。在选测路线时，就更需要精心探究、深入研究。在定线之前，我们勘测过的线路有七八条之多，经过反复比较，最终才选定了一条线路。

八达岭是关沟段的最高峰，需要开凿的山洞也最长。为了缩短山洞的长度，在整个京张铁路线路勘测完成后，我又对关沟段进行了复测。通过走访当地乡民和深入实地调查，我发现了一条新的线索。

在八达岭附近，还有一条通道，发端于关沟青龙桥，转向东北，经过一座叫黄土岭的小山，在小张家口村出山，再走向平原。

如果采用这条通道，那距离将增加约10千米，但是修建费用却可以节省白银30万两。经过多次勘测研究，我终于确定了最为理想的可以有效缩短八达岭山洞长度的线路。

勘测完关沟地段后，5月22日，我又率领队伍出岔道城，进入长城以北的塞外高原丘陵地区继续勘测。

我们从岔道城前行，沿西路勘测，下坡沿山麓到达康庄，再翻越狼山，过土木堡、怀来、沙城、新保安、鸡鸣驿、下花园、蛇腰湾、老龙背等地，再经桑干河支流的洋河河谷，过宣化盆地，最终到达张家口。在那里，我们调查了张家口上堡与下堡的地形及城河水量等情况，还选定了车站站场的位置。

除了关沟段，我们对京张铁路全线其他的复杂路段，也反复进行了勘测、比较，以选择最省时、省工、省钱且又更安全的最佳路线。比如，在宣化至张家口间的石辔子段，路线绕行沙岭子山嘴，从而避开了隧道工程等困难，这一选择甚至还曾被中外人士叹为"绝技"。

从1905年5月10日开始，到6月2日结束，历时24天，我们对京张铁路全线进行了初步勘测与估算，总算完成了京张铁路的路线勘测工作。

经过我和勘测人员的反复比较，最后选择了从北京丰台至南口，经青龙桥、居庸关、八达岭、岔道城、宣城，最后到达张家口的路线，全部里程大约200千米。

### 开展一系列紧张有序的前期准备工作

6月18日，我回到天津，立即开始编制京张铁路的测量报告、绘制测量平面图、编写铁路建筑工程计划与各项经费预算等，还编写了《修造京张全路办法》。

7月3日，我开始在京张铁路总局的办公室里办公。我与总办陈昭常等人参加了在总局举办的盛大聚会，向社会各界隆重宣布了京张铁路工程的开工。

京张铁路总局设在天津，另在北京丰盛胡同设立分局，并在北京平则门（今阜成门）外设工程局，由我指挥。同时，我还把家安置在了工程局内。

接下来，我开始了一系列紧张有序的前期准备工作。

其一，招揽人才。我深知，京张铁路要完全由中国人自己修建，就必须把足够多的中国工程技术人员统一调集到京张铁路工地上来。在很短的时间内，我将分散在全国各铁路公司及其他单位的一些铁路工程技术人员、铁路学堂毕业学员等，先后调了过来。其中包括当时在关内外铁路总局任职的邝孙谋，在沪宁铁路局任职的颜德庆，在关内外铁路总局任职的陈西林等。另外，我还选调了一些毕业于山海关铁路工程学堂的工程学员，其中包括随我勘测京张铁路线路的张鸿诰和徐文炯。

其二，征用土地。京张铁路全长约200千米，为了修路、建桥、建工厂和仓库等，需要征用大量土地，征地过程中必然会遇到很多麻烦和困难。

京张铁路的首段工程，地处北京，土地情况更为复杂，除一部分属于民地外，还有许多属于清政府的旗地和官地。于是，我就在丰台设购地所，对征地阻力进行分类施策。对无关大局者，绕道而行；对影响铁路大局者，绝不让步，坚决斗争。

在全路购地开始时，为了使地价合理，防止出现抬价、作弊等情况，我还特地制订、颁布了《购地章程》，共25条，其中明确规定购地地价以1903年关内外铁路局所定收购柳村到广安门外一带地价为标准。

其三，订购铁路材料和设备。关于铁路铺设的钢轨，我考虑到京张铁路穿行在中国北方的崇山峻岭中，全年多风沙，便决定全线的正线与站线均采用85磅钢轨，每米约重42千克，是当时的重型钢轨。在最险峻的关沟段，则采用特制的山伯型钢轨，以适应大坡道行驶。同时在铺设的每节钢轨中部加钉一块额外的鱼尾夹板，一端夹钉在轨腰上，另一端固定在一根额外的枕木上，枕木用黑柏油灌透，经久耐用。

## 京张铁路首段工程告捷

所有准备工作完成后，1905年10月2日，京张铁路建设工程就在世人瞩目下正式开工了。

京张铁路以丰台东3千米处的柳村60号桥为起点，丰台至柳村一段租用关内外铁路的线路，由柳村至广安门一段，则改建原关内外铁路计划修建的颐和园支线路基。从广安门往北，就是在新购置的土地上动工了。

按照制定的修建计划，京张铁路的第一段是从丰台

## 这才是你该追的星
### 詹天佑

修建至南口镇。这段线路地势较为平坦，全长约50千米，路基建筑也很顺利。两个多月后，这段线路就开始从柳村铺轨了。

开始铺轨那天，我带领工程师陈西林等人专程到柳村工地主持铺轨开工典礼。在筑路工人和围观群众的欢呼声中，我在路轨上打入了第一颗道钉，陈西林打入对面钢轨外侧道钉。当我们打完后，工人们一拥而上，开始了铺轨工作。

当时没有机械设备，面对繁重的铺轨工程，我们不得不用人力来完成。没有机车和车辆运送钢轨，我们只能用线路摇车，用人力将轨料推送到轨道尽头。

没想到，在铺轨的第一天，工地上就发生了一场工程事故。工程队的工程列车中有一节车钩的钩链发生断裂，导致车辆脱轨。最后，工人们费了九牛二虎之力，才扶正车辆，恢复原状。

消息一传开，有些人就认为京张铁路开工出师不利，此后前途难料。还有一些原本就不相信中国工程师能独立修建京张铁路的人，更是借此大做文章。

我到现场仔细察看了断裂的车钩后，分析引起事故的原因。我发现，出事故的工程车车辆间使用的是多年通用的旧式链子车钩，在大坡道上爬坡行驶时很容易发生断裂。当时西方国家已经开始推广使用了一种新式的自动挂钩，性能十分优越。

我果断决定，在京张铁路线上引进和使用这种新式的自动挂钩。

开工约3个月后，横跨京汉路交叉点上空的一座铁路旱桥宣告建成，机车从上面试行通过。

1906年9月30日，京张铁路首段从丰台柳村到南口镇约50千米铁路全部建成完工。我们特地举行了隆重的通车典礼，借以宣传中国人第一次独立修建的京张铁路，并以此来鼓舞筑路工人的士气。

### 采用"人"字形线路设计

1906年秋天，我又率领近万名建设工人，开始进行京张铁路第二段工程的建设。

第二段工程是修建从南口镇至岔道城的关沟段，也是京张铁路最艰巨、最重要的一段工程，是成功修建京张铁路的关键所在。

南口镇往北，海拔快速升高，是整个京张铁路最险峻的地段。这一带重峦叠嶂，整体坡度很大，从南到北横向虽然不足20千米，可高低相差却有180丈（约600米）。

我们不仅要开山炸石，填壑铺路，还要想方设法减小坡度，保障列车的力度与安全等，更难的是还要开挖四条横穿崇山峻岭的隧道，即居庸关隧道、五桂头隧道、石佛寺隧道和八达岭隧道。

这四条隧道是无法避免的线路通道，我分别勘选山岭最狭窄的地方定线开凿，尽可能使隧道线路既短又平直。在山势最为陡峭的地带，如八达岭，我们还设计了"人"字形线路，通过延长坡面，不但减缓了坡度，而且大大缩短了八达岭隧道的长度。

我们设计的"人"字形线路，在当时的国际铁路界，也堪称最先进的线路设计。

1905年，这种线路被西方著名的线路勘测权威皮汉所肯定，称其为Switch Back，中文称作"人"字形，又称"之"字形。

## 居庸关隧道顺利凿通

当时开凿隧道既是极为艰难、危险的工程，又是技术要求极高的工程。

开凿之前，必须先进行精密的测量以定凿线，尺寸不能发生一点误差。然后要勘查隧道所在地的地质地势、石层性能、土质种类、地下泉脉及废矿旧窟等一系列复杂情况，最后才能做出精密的计算和准确的设计。

同时，还必须严格按照凿线部署和设计进行施工，要求高，工程量大，工程艰苦，并且还需要各式开山机、抽水机、通风机等机械设备。

1906年秋，我们首先开通了两条比较短的隧道——45米长的五桂头隧道和141米长的石佛寺隧道。这既鼓舞了全路工人的士气，又让我们积累了宝贵的技术经验。同年年底，我率领工人开始向最为艰巨的居庸关隧道和八达岭隧道进击。

对居庸关的开凿，为了加快进度，我决定采用"两端并凿法"，关键是要准确定线。

我先选择了山谷最狭窄处进行勘测，然后升至山岭再审视隧道洞线的方向——把经纬仪置于"地点"，再向"天点"取直，然后反过来测量"人点"，并使"天、地、人"三点连成一条直线，再将经纬仪移到"人点"测试"天点"、"地点"是否和"人点"准确地连接为一条直线。

经过准确测量后，我们就在各点上竖立标杆，并以此为标准来确定洞内的中橛，最后，再用水平仪测量各橛相差的尺寸，依此绘制成隧道剖面工程图。

经准确定线以后，我们开始正式施工了。我在现场进行指导，工人们刚按照事先测定、钉在洞口的中橛向里凿进。

凿进几尺后，把经纬仪搬到中橛上，按照原来测定的各点的方向，再在隧道内测定一个中点，并用一根6尺长的漆杆做出标记。最后，再用孔明灯的光线反射将其显现出来。

这个隧道中点的测定一定要精密准确，不能出现丝毫的差错。我们就这样一点一点向前测量，不断测定中点，不断向前开凿。

值得一提的是，我们采用了矿山炸药来爆破开凿山岭隧道，这在中国还是第一次。

为了加快进度，开挖隧道的工人昼夜轮流工作。可没想到，当隧道凿进几十米后，山顶的泉水渗入隧道里。当时没有抽水设备，隧道里泥水交融，这给我们的施工带来了很大的困难。

我只好拿着水桶，跟工人们一起到洞里去排水，以确保顺利施工。

居庸关隧道工程推进到中间的核心部位时，我们遇到了更大的困难。因为这段约200米的工程土石非常松脆，当时又是雨季，每到雨天，泥水就顺着隧道壁流向地面，极易引发土石坍塌，因此无法继续使用炸药来爆破凿进。

后来，我想到一个办法，用大方木节节支持，又用小钢轨穿错其间，逐渐推进，才终于解决了这个问题。经过约一年的时间，居庸关隧道最终于1908年5月13日顺利凿通。

## 采用直井法施工，凿通了八达岭隧道

居庸关隧道开工后不久，八达岭隧道也紧接着开工了。

八达岭是关沟段崇山峻岭的最高峰，其峰顶处常年积雪，地层几乎都是由花岗岩构成的。可以说，八达岭是关沟段最后的、也是最大的一道天险。

在勘测设计京张铁路时，我们面临着两个选择：一是将岭上的长城截去一段，让铁路从中通过；二是在岭下开挖一条隧道，让火车在隧道中穿行。经过详细的测算和反复的思考，我最后还是决定采用开挖隧道这一方案。

由于八达岭比居庸关更为高峻陡险，所以隧道工程的施工也更为艰巨。我们在设计八达岭隧道时，尽管采用了"人"字形线路以缩短八达岭隧道的长度，但最后定线时，隧道仍长达1091米，是居庸关隧道的3倍长。

由于隧道长、岩层厚、地质复杂，同时还缺乏先进的建筑机械设备，我们在施工过程中面临的困难和风险都是巨大的。

在工期紧迫的情况下，考虑八达岭隧道的洞身过长，如果还像居庸关隧道那样仅从两端对凿，不但耗时长，还不容易准确把握隧道方向，因此，对于八达岭隧道，我决定采用"直井法"施工。

所谓"直井法"，即在隧道两端施工凿进的同时，另外在隧道上方山岭上开挖大、小直井各一座，从山顶垂直挖下，直到与隧道底的深度齐平为止，然后再分别向两端开凿。如此一来，隧道工程就变成了6个工作面同时作业，大大加快了施工的速度。

采用直井法难度最大的就是大、小两个直井的开凿。大直井起点位于隧道中部的山岭上，需要事先测准中线与水平，然后再进行施工开凿。等到凿井稍深后，我们就在井口设辘轳，既运载工人上下交替，又运进井外的器材、炸药等，同时运出井内的土石和积水。

大直井设计为深84英尺（约25.6米）、直径10英尺（约3.05米）。工人每一个昼夜可以挖3英尺（约0.9米）深。直井建成后，再将原定中线移到井底，让工人以此为依据，按中线方向分别向两头凿进。

小直井位于岔道城一侧的洞口外部。当大小直井建成后，工人就从井底分两个方向开凿。

在八达岭隧道施工过程中，我还考虑到这条隧道过长，建成通车后，检修工人进入隧道检修时，如果遇到火车通过，将无处藏身，可能会危及人身安全。于是，我就让工人在隧道内每隔300英尺（约91.4米）建一个避险洞，最后整个隧道一共建了几十个避险洞。

为了确保隧道通风，我又决定在隧道建成后仍然保留大直井，并在上面建通风楼，以作为隧道永久的通风设备。

经过全路员工的奋发努力，日夜苦干，即使采用的是人工手钻进行爆破的方法，我们依然仅用了一年半的时间就打通了这条长达1091米、工程任务空前艰巨的八达岭隧道。

1908年5月22日，八达岭隧道正式开通。经过检测，隧道工程质量良好。等到隧道顶部结拱后，就可以砌筑边墙、水沟，之后再过三四个月就可以铺轨了。

八达岭隧道是我国早期铁路建设中少有的长隧道，也是最为艰险的铁路工程之一。这条隧道的建成，为京张铁路的如期顺利竣工扫清了最大的障碍。

1907年10月，居庸关隧道和八达岭隧道先后开工后，我还接待过英国工程师金达等人的来访，让他们实地察看了居庸关隧道工程。没想到，金达这位经验丰富的工程师在工地查看后，竟然对京张铁路工程所取得的成绩颇为惊喜。

同年10月21日，他还特意给我写了一封信，信中他这样说道："我们到南口访问时，蒙你厚意的接待，谨函致谢。你正在进行卓越的工程，而且极为经济，这应该极大地归功于你和你的同仁。"

## 还有许多难题等着我们一个一个去破解

居庸关隧道和八达岭隧道的打通，标志着修建京张铁路面临的最为艰巨的问题得到了圆满解决。然而，在全路工程的施工中，还有许多难题，等着我们一个一个去破解。

回想起来，我们当时主要还面临以下几个工程难题：

其一，如何确保火车顺利爬坡、安全登上关沟段最高峰——八达岭。这也是最大的难题。

为了解决这个问题，除从青龙桥起利用折返线的办法，依着山腰设计了"人"字形的轨道线路来减缓坡度外，我们还在这段铁路上，使用了两台"2-8-8-2"大马力机车来牵引列车爬坡，一台在前面拉，另一台在后面推,以此来加大机车的动力。

当列车到达山上铁路折返线交叉点时,就改为后面推动的机车向前拉,原来前面拉的机车则改为从后面推。这样一来,不仅加大了机车动力,提高了车速,还避免了调换机车的麻烦。

各节车厢之间采用的也是当时最先进的自动挂钩,它们将车箱牢牢地连接在一起,在大马力机车的牵引下,使列车顺利又安全地爬上了八达岭的最高峰,这样就将关沟段的天险变成了通途。可以说,这是一项创造性的工程设计。

其二,因地制宜地建造桥梁。京张铁路全长约200千米,需要跨越多条大小河流。关沟段山高谷深,要想通过就必须架设桥梁。

经过勘测计算,我决定不架设钢桥,而是设计建造混凝土拱桥。因为这样可以充分利用我国工厂自造的水泥和当地遍山都是的石料,从而大大降低建造费用。修建从南口镇至岔道城之间的关沟段铁路,总共建造了20座桥梁,其中13座都是混凝土拱桥。

其三,周密规划从岔道城至张家口的第三段工程,提前做好各项准备,确保整体工期。

1907年春,在等待八达岭隧道开工的同时,我们就对第三段线路进行了详细勘测定线与施工。如在怀来，铁路需要跨越怀来河。怀来大桥将是京张铁路中最长的桥梁，我们提前设计全桥用七座各长30米的钢梁架成，设计完成后即刻安排施工。

我们先用骡车将钢梁分批运到工地并铆钉，同时建造桥墩。从1907年冬天开工，到1908年4月，这座桥就顺利竣工了。接下来，我们又修筑了大桥的御水堤。

在从岔道城到张家口之间的康庄、怀来、土木、沙城、新保安、下花园等处，我们刚选择了先行建成车站的方案。由于该段铁路所经之处地势较为平坦，工程难度不大，所以通过大家的共同努力，这一段工程很快就顺利竣工了。

其四，兴建水塔和厂房。中国北方缺水，而铁路运作、机车行驶又都需要水。因此，在修建京张铁路过程中，我将兴建水塔作为了一项重点工程。

我带领工程技术人员为沿路各地设计水塔。从水塔的形状、尺寸、容量，到建筑购料、抽水机、压水机等，我都要一一过问。

为了便于机车修理，我们还在京张铁路沿线几个重要的地方设计建造了几家机器厂，专门用来制造和装配机车零件及对机车进行定期维修。机器总厂设在了南口镇，其下又设立了铸工厂、锤工厂、锅炉厂、模型厂、打磨厂、机车修理厂、客货车修理厂及油车厂8个分厂。

这是我国最早设立的一座规模较大的铁路机车厂，后来还成为了闻名全国的南口机车车辆机械厂。

其五，植树绿化铁路两侧。

在统一的规划和部署下，京张铁路开建后不久，我们就开始在沿路两侧分段种植树木。我还要求工人在不同的路段，要根据土质、水文、气候等的差异，栽种不同种类的树木。

关于沿线各段不同树木的栽种办法，我也做了相应的规定，并绘制成详图以供工人学习。最外面的一层树还起到了代替铁路沿线土地界石的作用，这样既节省了设置界石的费用，又可以长久存在，不容易移动。

## 主持编制中国第一套铁路工程标准

在修建京张铁路的过程中，我还主持编制了《京张铁路工程部准图》，包括桥涵、轨道、线路、山洞、机车库、水塔水鹤、房屋、客车、车辆限界等共计49项标准。

这应该算得上是中国的第一套铁路工程标准。它不但加强了京张铁路修建中的工程管理，有力地保证了工程质量，还为中国其他铁路的修建提供了工程质量标准，推动了整个中国铁路工程标准化的进程。

同时，在京张铁路及其支线铁路，我们均采用了国际通行的标准轨距。后来，在我的极力倡导下，标准轨距也在全国绝大多数的新建铁路上得到了推广和应用。

1906年，我又就中国铁路建设中的铁轨轨距、线路等级、桥梁载重、路基宽度、曲线最小半径、限制坡度、站台高度、车辆限界、机车载重、车钩安装等各项标准，给清政府商部写了3份比较详细的说贴。

这3份说贴，也是中国铁路建设早期，由中国人自己制定的最为详尽、严密、科学的工程规范和标准体系。

后来，清政府商部根据这3份说贴，制定了中国第一份全国铁路建设技术标准，并在全国颁布实施。这对中国铁路建设工程的规范化和统一化，具有重要意义。

其实早在1906年9月，京张铁路首段工程建成通车投入营运前，我就主持制定过首段铁路客运、货运的票价以及货物等级分类标准等营运规则。到整条京张铁路即将建成通车前，我又多次召集有关人员，主持制定了一整套更为完备的行车规则。

这套规则包括《行车规则》《调度车辆规则》《路签规则》《号志规则》《手执号志规则》《立杆号志规则》《响

墩号志规则》《移车号志规则》《车守号志规则》《车灯号志规则》《搬闸夫及执号志人等应守规则》及设立路警和车站等处防卫章程等。

这些规则和章程，不仅为京张铁路的列车营运做好了充分准备，还为全国的铁路营运提供了一系列标准和规范。

## 一个具有划时代意义的日子

经过多年奋战，京张铁路终于在1909年9月全线通车！这项工程被交通界认为是当时施工难度最大的工程，而我们不但提前两年胜利完工，而且全路的修建费用跟最初的预算相比，节约了28万余两白银。同时，其全部工程费用也才只有外国人估价的1/5。

1909年10月2日，我们在南口车站举行了全线通车典礼。那是一个万众欢腾的日子，也是中国铁路史上一个具有划时代意义的日子。

新建成的京张铁路全长201.2千米，单线铁路，采用标准轨距。这是中国独立自主设计和修建的第一条铁路干线，而且也是一条工程难度之大为中国空前未有、也为世界所罕见的铁路。

京张铁路的胜利建成，一下子就震惊了世界，也揭开了我国自筹自建铁路的序幕，有力地推动了我国铁路事业的发展。

在京张铁路通车后，我被授予了许多荣誉。1910年1月，清政府授予我"工科进士第一名"。1909年，我成为美国土木工程师学会正式会员，是加入此学会的第一位中国工程师。后来，我又当选为英国皇家工商技艺学会会员、英国北方科学与文艺学会会员。

### 科学家小故事

#### 坚持原则，不改线路

修建京张铁路需要征地，在清河镇要经过满洲贵族官员邝宅的坟院时，詹天佑和他的同事们遇到了很大的阻力。

邝宅曾任锦州道员，是镇国公载泽的亲戚，在朝野当中势力很大。他不让京张铁路线通过自家的坟院，阻挠工人定线施工。

面对这个情况，詹天佑始终坚持原则，据理力争，坚决不改线路。最后，通过清河镇绅士贾士清出面协调，邝宅终于答应京张铁路可以从其坟院墙外通过。

# 10 奔走于中国各地铁路线上

> **科普小贴士**
>
> **中华人民共和国成立后 50 年的铁路建设**
>
> 成渝铁路是中华人民共和国成立后建成的第一条干线铁路，全长505千米；宝成铁路是全国第一条电气化铁路；成昆铁路全长1100千米，荣获国家颁发的"科学技术进步特等奖"；大秦铁路建于1985—1997年，是中国唯一一条煤炭运输专线铁路；京九铁路是一条从北京通往广东深圳的铁路，1996年9月1日实现全线开通。
>
> 1949年底，全国铁路营业里程为21810千米；到1965年底，全国铁路营业里程达34406千米；到1980年底，全国铁路营业里程达49940千米；到1998年底，全国铁路的营业里程总延长已达66428.5千米。

这才是你该追的星
詹天佑

## 同时担任四路要职

京张铁路建成以后，在爱国热潮的驱使下，国内各界都希望由中国自己的工程师来主持修建待建铁路。

从1909年到1911年，我几乎同时担任了4条重要铁路干线的6个重要职务：一是张绥铁路总工程师；二是四川商办川汉铁路总工程师兼会办；三是广东商办粤汉铁路公司总理（总经理）兼总工程师；四是河南商办洛潼铁路公司工程顾问。

由于同时担任四路要职，我只好南来北往，奔波于张家口、大同、北京、洛阳、潼关、宜昌、广州等地，踏勘测量、调查访问、计算设计、指导施工，足迹遍及了黄河两岸、大江南北。

## 主持修建张绥铁路

京张铁路通车后，我负责的第一项工作就是主持展筑京张铁路向西北延伸，通向内蒙古的重镇——归绥（今呼和浩特）的铁路，即张绥铁路。

1908年10月，我抽调工程师俞人凤率队勘测张家口到归绥的线路，初期勘测的通行线路有3条：

一是北路，即出张家口，上韩努坝，经兴化城、大草地、平地泉、十八台、卓资山、陶卜齐，至归绥。

二是中路，即由张家口至柴沟堡，沿大洋河经二道河、张皋尔，越俄岭坝，经隆盛庄、丰镇、宁越，越坝梁，上穿石闸沟，出西沟门，至归绥。

三是南路，即由张家口至太师庄，过洋河，入洪汤水沟，经怀安，越枳尔岭，经天镇、阳高，越聚乐堡，经大同，入云岗沟，经左云、朔平，越老爷坝，出杀虎口，至归绥。

我从调查中得知，北路出张家口上韩努坝坡度太大，不适合筑路。因此，张绥铁路的线路就只能在中路和南路中选定了。之后，我又让俞人凤沿南路勘测由张家口经天镇至归绥的线路。

经过调查，我决定将张绥铁路分为四大段进行施工。第一段是由张家口到天镇。在京张铁路通车的当月，我亲自勘定了这首段线路。

我率队由张家口经太师庄，渡大洋河，循洪汤水沟，过怀安，越枳尔岭，最后到达天镇。经实地勘测，我发现俞人凤初测的这条线路，沿途上下的坡度很大，需要建造多座大桥,费工又费时,而且通车后行车也不够安全。

于是,我又派张绥铁路副总工程师陈西林率队再次详细勘测,另外选择一条线路。他们历时6个月,终于选出了另一条线路。

经过仔细审阅和研究,我觉得这条线路虽然有所进步,但是沿线地形起伏仍然很大。为了进一步优化线路,我又召集了各方面的工程技术人员共同仔细研究,反复修改,数易其稿,最后终于选定了一个比较稳妥的线路方案。

为了进一步审核方案的可行性,我于1910年2月初,冒着严寒,再次率队实地调查勘测。

最终,我们选定,自张家口起,取道阎家屯,沿大洋河北岸绕行升高,直趋北沙城,渡大洋河、小洋河至柴沟堡,到达天镇。

在首段铁路施工的同时,我派陈西林率队继续向大同一带选测线路。1910年10月,我亲自去大同实地查勘、审核并确定线路,随后部署施工建设。

1911年初,我被调到南方任职后,始终关心着张绥铁路的建设,还推荐了邝孙谋接任张绥铁路总工程师职务。1911年底,辛亥革命爆发时,张绥铁路已通车至阳高。

中华民国建立后，1913年，我又以交通部技监的身份，主持全国铁路技术工作，重点推进了张绥铁路的修建。1914年，我任职粤汉铁路督办后，还曾多次亲临张绥铁路工地了解情况，指导工程建设。

1915年，张绥铁路终于通车至大同，从大同至丰镇段也已竣工。至此，从北京丰台至丰镇，已建成铁路400多千米。

张绥铁路原计划修至归绥后，再向包头展筑，后因修路款不足，铁路当局发行了铁路债券。为迅速推进张绥铁路建设，我甚至拿出了家中的全部积蓄购买铁路债券。

后来，张绥铁路受到战争的影响和经费的制约，进展迟缓。直到1921年，张绥铁路终于通车至归绥，全路建成。又过了一年，张绥铁路顺利展筑至包头。从北京到包头，铁路全长816千米，另有支线186千米。

至此，京张线先变成了京绥线，又变成了京包线，成为了中国最早、最重要的西北铁路干线。

京张铁路和张绥铁路是我一生中花费精力最多，也是所获成果最辉煌的铁路干线。

## 担任洛潼铁路的工程顾问

在京张铁路紧张施工期间，1908年12月，我又担任了洛潼铁路的工程顾问。洛潼铁路是由河南洛阳至陕西潼关的一条铁路，长约240千米。

1909年初，洛潼铁路开始勘测选线和规划建筑工程。他们先聘请了关内外铁路的英国工程师李吉士勘测线路。但由于李吉士所选的线路不仅工程量大，且工程预算高达500万两白银，于是，洛潼铁路公司就请我重新进行勘测。

经反复比较研究后，我们重新确定了一条更为可行也更为节省费用的线路。

我将勘测确定的线路分为三大段修建。第一段从洛阳至渑池，第二段从渑池至张茅，第三段从张茅至潼关。每一大段又分为三小段。按段施工，逐步进展，职责分明，保质保量。

洛潼铁路于1910年7月在洛阳开工，后因辛亥革命爆发，工程暂停。几经周折，终于在1932年修建到潼关，于1934年修建到西安。

## 投入商办川汉铁路的建设中

京张铁路建成后，我将更多的时间和精力投入当时

## 10 - 奔走于中国各地铁路线上

备受中外关注的商办川汉铁路的建设中。

1909年2月4日,我被任命为川汉铁路的总工程师兼会办,并在北京与川汉铁路公司的驻京总理乔树楠等人,正式签署了《修筑川汉铁路事宜》,就川汉铁路修建中的工程、技术、购料、经费、人事等做了明确规定。

当时,我正忙于修建京张铁路,就先任命颜德庆任副总工程师,先行去往宜昌主持工作。我们通过书信保持密切的联系。有时,我一天连发三封信,与颜德庆商讨选测线路、人员调配、材料选购等紧急事宜。

在1909年4月19日给颜德庆的信中,我不仅纠正了当时美国工程师洛克在计算上的错误,而且明确提出不赞成洛克认为的川汉铁路只能采用内陆山区绕行的走向、不能走沿江线路的观点。

对地形图和其他资料进行分析后,我要求颜德庆既要测内陆线路,也要测沿江线路,并认真进行比选。

后来,颜德庆果然测得了一条较为理想的沿江线路,长约80千米,比洛克勘测的内陆线路距离缩短了一半,而且线路坡度较为平缓,缺点是修建工程的难度更大,要在连绵的山岭中开凿道路。

1909年11月下旬,我从北京南下宜昌。12月10日,我主持了川汉铁路首段工程宜万段的开工典礼,向全世界宣告，川汉铁路已经开工。许多中外来宾出席了开工典礼。中外报纸也纷纷报道了川汉铁路的开工。

主持开工典礼后，我又匆匆赶回北京，一方面主持即将兴建的张绥铁路的勘测选线，另一方面为川汉铁路招标订购器材，并把在京张铁路建设中成长起来的青年工程师陆续派往川汉铁路工地，分配到在宜昌到秭归间的10个工段上。

我一直要求，川汉铁路的工程标准和设备选型等，都要参照京张铁路加以制定。

最后的结果是：隧道断面的尺寸比照京张铁路标准稍微提高；开山炸药同样使用拉克洛炸药；定制川汉铁路专用机车，以适应山区多隧道的铁路行驶；车站的房屋设计均参照京张铁路标准并予以提高，以适应南方的气候；机车使用管理与维修也都参照京张铁路的章程和规则。

1910年，我还深入川汉铁路建设工地检查施工情况。当时我发现一些工程不太令人满意，在施工管理中存在混乱与敷衍的情况，还有一些工程技术人员及工程学员工作不负责，以致严重影响了工程的质量。

我立即向主持路工日常事务的副总工程师颜德庆严肃指出这些问题，并要求他率领工程师沿着工段走一下，仔细安排落实每项工程，工程师必须计算出该工段的修建费用预算并报送给他。

对表现不好的工程学员，要严格教育，按章处理。我还制定了《川汉铁路总工程师关于毕业生提升之规定》，对技术人员的品格、操守、学历、才能等提出了具体而严格的要求。

经过我的严格检查和大力整顿，川汉铁路首段宜昌至秭归的工程建设终于有了起色。但因国内外各种原因，川汉铁路建设工程始终举步维艰，困难重重，进展缓慢，最终还是走向了停工。

## 就任粤汉铁路公司总理（总经理）

1911年初，我到广州就任粤汉铁路公司总理（总经理）。就职后，我首先对公司各机构及人员进行了整顿。我先后采取的一系列措施，使公司的风气焕然一新。

在施工方面，我在短时间内就将购地、储料、筑路、行车等事项逐一整理，并率领员工推进自源潭一线向北面的黎洞、连江口、英德一线的施工进程。

到1911年8月，我们修建完成了自源潭至黎洞的34千米路段并铺轨通车。黎洞向连江口路段，途径盲仔峡，长约3千米，江身狭窄，两边都是悬崖峭壁，在这里我指挥完成了艰险的路工与隧道工程。

1912年3月，我们完成了黎洞至连江口的线路并正式通车。至此，广州至连江口约130千米的铁路，全部建成通车了。

## 投身于汉粤川铁路建设

1912年7月初，我接到谭人凤的邀约，请我赴上海共同筹划粤汉铁路粤、湘、鄂三省路工事宜。我也准备借此机会推动铁路工程的进展，了解湘、鄂两省的路工情况，加强其与广东省之间的联系。

7月上旬，我到达上海，与谭人凤进行了讨论。此后，我被任命为粤汉铁路会办，以便统筹粤汉全路。8月底至9月初，我与谭人凤一起，由上海赶赴武汉，并在那里设立了粤汉铁路督办总公所。

1912年10月14日，孙中山在上海成立中国铁路总公司，满怀信心地开始了筹措资金、设计线路的修路准备工作。对这些新气象，我都感到非常欣喜与振奋。

1912年11月，我离开广州，乘轮船经上海，于12月到达武昌，任国办汉粤川铁路会办。

自1912年7月开始，我就投身于粤汉、川汉两条国有铁路干线的建设当中。

为了全力以赴工作，我索性携全家搬迁到武汉居住。

1913年，我率领员工复勘粤汉铁路湘鄂段时，考虑到粤汉铁路建成通车后，势必要与一江之隔的北方京汉铁路接轨，形成中国南北交通大动脉。

于是，一方面，我责成湘鄂线工程局在武昌车站的线路布置中，要提前安排好将来与京汉铁路接轨的地点；另一方面，我又请湘鄂线总工程师格林森绘制修建武汉长江大桥的初步设计构想图，并选定武汉长江大桥的桥址。

格林森根据我的部署，率领来自中国和英国的技术人员，经过勘测和计算，最后选定在武昌的蛇山与汉阳的龟山之间修建武汉长江大桥。

我们初步设计构想的武汉长江大桥，是用悬梁三孔跨越江面的单层大桥，桥梁结构参照当时世界著名的最大钢桥——英国福斯特大桥，而桥梁主跨则缩短为380米，三组巨型悬臂梁架设于龟山与蛇山之间。

这是中国第一个关于在长江上修建铁路大桥的设计构想。虽然后来因为财力所限，未能如期建成，但当时的设计图纸为中国后来的铁路桥梁建设奠定了基础。

在复勘粤汉铁路湘鄂线的同时，我还指挥了川汉铁路的广宜线与宜夔线，以及夔州以上线路的复勘定线工作。

1913年5月，广宜铁路总局与德籍总工程师雷诺迅速组建由中国、德国的技术人员组成的测量队，按照督办公所颁行的《勘测队简章》，对湖北境内的川汉铁路线路进行复勘。

测量队于6月出发，先测量了汉口到宜昌的路线，又测量了广水到宜昌的线路，并先后呈送了两份报告。

我和督办冯元鼎对测量的汉宜线和广宜线的报告进行比较研究，选定以汉口为起点，取道应城，到达宜昌。广宜线正式更改为汉宜线。新线路相比原线路，缩短了1/3。

我组织带领工程技术人员一次次对川汉铁路进行线路勘测与比选，完成了宜昌至成都1175千米线路的定测。

但遗憾的是，从1914年12月我主持汉宜段开工，到1917年8月工程停工，川汉铁路仅完成了汉口至杨家洚之间166千米的路基和部分桥梁工程，最后仅铺成了9千米长的铁轨。

那些饱含着广大技术人员心血和智慧的勘测图纸，最后因修路资金的缺乏而被束之高阁。

### 制定出多种规章、制度和标准

我多次组织有关人员召开汉粤川铁路工程会议，制定出了多种有关路工与设备、材料的规章、制度、标准等，主要包括以下几个方面。

其一，我针对当时英籍工程师率领工程技术人员复勘湘鄂路段勘测中出现的种种情况与问题，制定颁行了《勘测队简章》，该简章共16条，对勘测工作做出了明确的规定。

例如，规定每一勘测队的人员由勘测委员、领队工程师、工程师、练习生、翻译员、测量工人及弹压委员等组成；规定各勘测队员的工作职责、测量仪器的使用与保管、款项收支手续及勘测队人员疾病治疗、伤亡事故处理、抚恤等办事规则，中外人员职责和待遇都一样等。

其二，制定了招标定购材料设备的标准。其主要内容为：

（1）粤汉、川汉各线的各国工程师提出材料设备规格要求，并将订单由各线局长呈送督办，督办另行委派顾问工程师办理招标事宜。

（2）派驻各国的顾问工程师必须在规定日期内，开具推荐标单的考核意见，呈送汉粤川铁路督办审阅。

（3）各投标厂必须切实按照国际材料试验协会的规定办理。

（4）所有标单当众开标。

这也是中国铁路建设使用国际招标竞争机制的首次尝试。

其三，规定工程师的等级划分与工薪待遇，以"学问"为准，中外平等。

之所以专门规定这项内容，是因为我初到汉粤川铁路就职时发现，工程师的等级划分与工薪待遇的规定中明显存在不平等现象。比如，帮工程师一级，英籍帮工程师年薪为4400～5500元，而中国籍帮工程师年薪只有3000～4000元。

自湘鄂线开始，我就制定实施了中外工程师等级划分与工薪待遇的统一标准，并推广到川汉线各个路段。

其四，严格制定考核晋升制度，大力培养和使用中国工程技术人员。1912年底，时任粤汉铁路督办的谭人凤，按照我的意见，制定颁行了工程学员考核晋升办法。

**科学家小故事**

### 竟无一人离去

1911年5月,清政府以实行铁路国有为名,没收已归商办的川汉、粤汉铁路筑路权,实际上是将路权收回后出卖给西方列强。此举引发了声势浩大的保路运动,全国各地纷纷组织保路同志会。

当时,国内形势严峻,不少人逃离广州前往香港,铁路公司也人心动荡。身为粤汉铁路公司总理(总经理)的詹天佑,立即在工作安排和人事管理上做出了规定:任何人只要想离开公司,就可以走,但是在离开之前,必须将自身工作向公司总理或公司总理指定的代表交待清楚,否则不得离开。

詹天佑还召开了股东大会并做出决议,成立了保路机关所,决心协力保路。在詹天佑的影响下,粤汉铁路公司竟无一人离去。在整个保路运动期间,铁路财产没有任何损失,列车也照常开行。

这才是你该追的星
詹天佑

# 11
## 制定统一的铁路法规

> **科普小贴士**
>
> ### 21世纪的中国铁路建设
>
> 进入21世纪,中国的铁路建设迎来了大发展和大跨越。
>
> 2007年4月18日,中国第六次铁路大提速正式展开,CRH1、CRH2、CRH5动车组大规模上线运行,列车运行时速达200千米,其中京哈、京广、京沪、胶济线部分区段时速达到250千米,中国从此进入了高速铁路时代。
>
> 2008年8月1日,中国第一条具有自主知识产权的高速铁路——京津城际铁路正式通车。2009年底,武广高铁正式运营,成为世界上运营速度最快、密度最大的高速铁路。2012年12月1日,世界上第一条地处高寒地区的高速铁路——哈大高铁正式通车运营。

11 - 制定统一的铁路法规

> 2016年，国家发展改革委、交通运输部、中国铁路总公司联合印发《中长期铁路网规划》，构筑了"八纵八横"高速铁路通道。2020年8月13日，《新时代交通强国铁路先行规划纲要》发布，纲要明确，到2035年，全国铁路网运营里程达到20万千米左右，其中，高铁7万千米左右。
>
> 截至2021年底，全国铁路营业里程突破15万千米，其中，高铁已经超过4万千米。

**被交通部任命为首任技监**

1913年，我在主持艰巨的建路工程的同时，又被中华民国交通部任命为首任技监。这是中华民国建立后，交通部管制中新设立的技术官称，实际上就是全国交通技术工作主事人。

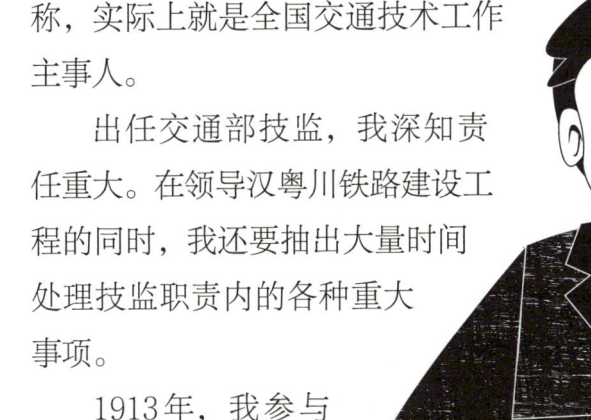

出任交通部技监，我深知责任重大。在领导汉粤川铁路建设工程的同时，我还要抽出大量时间处理技监职责内的各种重大事项。

1913年，我参与

了交通部制定全国铁路干线路网的规划工作。经过大家的共同努力，最后，交通部制定了全国铁路四大干线建设规划，主要包括两条纵贯线和两条横贯线。

纵贯线——一是中央纵贯线，即从内蒙古经晋北，以北京为中枢，南往汉口，直达九龙；二是东部纵贯线，即自满洲（今东北）经河北、山东、江苏、浙江、福建，直达广东。

横贯线——一是北方横贯线，即以江苏海州为起点，经河南、陕西、甘肃，到达新疆伊犁，与中亚铁路相连接；二是中央横贯线，即自沪宁，经武汉，入四川。

1916年底，交通部为谋求交通事业的统一和发展，专门召开了一次全国交通会议，这也是中国近代交通史上第一次规模较大、人员较多、意义重大的交通行政会议。

与会人员讨论了交通部所辖路、电、邮、航四大行政及交通教育等事项，并征求意见，总结经验，制定方案。

**为铁路建设与管理建立了统一的技术标准**

1917年，鉴于国内铁路修建标准不一，铁路类型复杂，材料配件难以通用，交通部成立了铁路技术委员会，负责规划、统一全国铁路修建标准和铁路类型。

委员会由各路技术专家及中外有关专家共计210余人组成，下设工程股、机械股、运输股、总务股。我任会长，主持铁路技术委员会的全面工作。

委员会开展工作后，经各股的专家学者讨论，分别制定了铁路建设中的13种规则和规范，如《国有铁路建筑标准及规则》《国有铁路钢桥规范书》《国有铁路材料规范书》《国有铁路机车制造规范书》《国有铁路行车规范书》等，并于1922年由交通部公布施行。这些规则和规范，为我国的铁路建设与管理建立了统一的技术标准。

1917年8月，我被聘为审订铁路法规会的名誉会员。这个法规会是由交通部于1917年8月成立的，任务是将以前制定的各种铁路法规加以审查，应制定而尚未制定的另行起草，并限定于1919年完成。

从1917年12月到1918年底，我们审订议决了各项法规612项，其中包括《国有铁路建设章程草案》《建设概要草案》《工事预备草案》《铁路草案》《车站草案》《钢桥草案》《购物包工及招标草案》《工事报告草案》《车辆规程》《铁路营业法草案》《铁路运输规程草案》《国有铁路会计法草案》等。

这些法规几乎覆盖了铁路事业的各个方面，为日后中国铁路事业的发展奠定了基础。

**创立中国第一个工程技术人员的群众组织**

为了大力培养中国青年工程技术人员，进一步提高其社会地位，我创立了中国第一个工程技术人员的群众组织——中华工程师学会。

中华民国建立后，各种社会团体如雨后春笋般纷纷成立。全国许多条正在兴建的铁路也一度停工，许多工程技术人员聚集在上海、广州、武汉等地，不知何往。当时，我正担任商办粤汉铁路公司的总理（总经理）兼总工程师。

为了推动广大工程技术人员互相帮助和交流，促进工程技术界的学术研究和发展，我于1912年倡议成立了广东工程师会，并被推举为会长。

同时，川汉铁路副总工程师颜德庆、洛潼铁路领袖工程师徐文炯，也在上海分别成立了上海工学会和上海路工同人共济会。他们都函请我担任名誉会长。

1912年7月至8月，应谭人凤邀请，我从广州前往上海共商粤汉铁路湘、鄂、粤三省路工之事，不久之后就出任了国办粤汉铁路会办。

在上海期间，我提议将广东中华工程师会、上海工学会、上海路工同人共济会三会合并，成立"中华工程师会"。

中华工程师会共拟定章程30条，规定宗旨为三大纲：一是规定营造制度；二是发展工程事业；三是力阐工程学术。又规定办法五则：一是出版以输学术；二是集会以通情意；三是实验以资实际；四是调查以广见闻；五是藏书以备参考。

三会合并，成立新会，上报教育、交通、农林、工商、陆军、海军等部门，先后得到了准许。

1915年7月，"中华工程师会"更名为"中华工程师学会"。

中华工程师学会从成立之初，就是一个多学科的学术团体，最初设置了8个专业。

后来，入会会员的专业扩展为土木、建筑、水力、机械、电机、矿冶、兵工、造船、窑业、染织、应用化学、航空12个学科，基本上涵盖了我国早期工程事业的学科专业范围，成了一个具有广泛群众性的学术团体。《中华工程师学会会报》成为我国发行最早、影响最大、发行时间最长的一份工程技术学术刊物。

## 要为后人留下些东西

1915年,我在担任中华工程师学会会长期间,完成及出版了《新编华英工学字汇》《京张铁路工程纪略》和图册《京张路工摄影》,它们是我在生命的最后几年里给后人留下的一些东西。

《新编华英工学字汇》应该是中国最早的英汉双语工学字典,我用了差不多20年的时间才编撰完成。

在修建关内外铁路时,我已经开始着手编写这本字典了。

在这部工学字典中,工学各科目都有所涉及,收录词条近万个,促进了国内工学用词的标准化,同时也为英文工学名词汉译名的统一奠定了基础。这部字典还成了当时中国工程技术人员学习与应用外国工程技术的案头必备工具书。

《京张铁路工程纪略》是我根据京张铁路工程各施工路段的施工报告写成的。它记载了我国第一条自建铁路干线——京张铁路的起源及修路过程中攻坚克难的整个过程。

这部著作约八万六千字,内容包括勘测调查报告、修建办法、施工规划、配套设施等,并附有工程图,单独成册。全书包括总纲、路线、轨道、土石、桥工等十

## 11 – 制定统一的铁路法规

章,详细记录了京张铁路的资金筹备、人员安排、线路勘测及道路施工等情况,同时从技术层面对隧道和桥梁建设做了细致描述。

另外,我还主持编纂了京张铁路工程建筑摄影图册——《京张路工摄影》。该图册分为上、下两卷,共收录大幅10英寸历史照片183张,用摄影照片记录了修建京张铁路工程的全过程及铁路建成通车的庆典场面。这是一部对京张铁路工程全貌的完整影像纪实,后来还作为国家一级文物,被载入首批《中国档案文献遗产名录》。

为了总结自己为国建路30年的经验,1918年2月,我撰写了《敬告交通界青年工学家》(又名《敬告青年工学家》)一文,在这篇文章中,我从精研学术、崇尚道德、循序渐进、临事以慎四个方面,阐述了青年工学家的立身之本。

### 尽力维护中国的权益

1919年初,我接到出任协约国"联合监管远东铁路委员会"下辖的技术部委员的召令,作为中国政府代表与英国、美国、法国、日本等国代表一同主持对远东铁路(包括中东铁路)的监管技术工作。

## 这才是你该追的星
### 詹天佑

在接到召令时，我的身体已难以支撑。1918年秋季，我患上了腹部疾病，虽然积极治疗，也尝试了很多办法，但始终没有痊愈，体质明显下降。我的夫人一直劝我，让我等身体康复后再去赴任。

但是，一想到中国铁路正被列强环伺，形势紧迫，我就下定决心，必须早日赴任，尽力维护中国的权利。最后，我决定让刚从美国耶鲁大学土木工程系毕业归国的次子詹文琮陪同和照料，再请颜德庆和俞人凤作为助手，一同赴会。

在赴会途中，得知巴黎和会上出现了国际共管中国铁路的主张，我马上就以中华工程师学会会长的名义，致电巴黎和会我国代表团，提出要坚决反对国际共管中国铁路这一主张。

我在电文中指出，国际共管将使中国失去决策权，造成四大危害：一是中国工程技术人员将无法施展才能；二是多国组合难以做出符合我国实际的技术决策，必然造成工程耗资巨大；三是在材料招投标方面容易出现幕后交易；四是为捍卫我国利益而与外国交涉时会更加困难。

这份电文同时在《申报》上进行了公开发表。由于国内各界人士坚决反对，列强们最终未能得逞。

3月5日，协约国"联合监管远东铁路委员会"正式开会。会议期间，为了争回中国在中东铁路的驻兵权和管理权，我多次发言。

4月14日，在我们的努力下，中国政府所提要求中的两项得以实现：一是中东铁路的护路权属于中国；二是中国工作人员可以在中东铁路的工作中掌握管理权，为我国工程师在中东铁路工作中争取到了地位。

## 最让我放心不下的三件事

在参加会议期间，我还被技术部推举担负考察车务的工作。在我不顾严寒到海参崴一带的铁路线考察期间，我的腹部疾病复发了。

我不得不放下手中工作，请假回汉口就医，把后续工作交给颜德庆等人。我希望自己身体康复后再返会，以终其事。

在回汉口的途中，我还抱病登上长城，最后一次远眺京张铁路。当时我思绪万千，有感而发："生命有长短，命运有浮沉，初建路网的梦想破灭令我抱恨终天，所幸我的生命能化成匍匐在华夏大地上的一根铁轨，也算是我坎坷人生中的莫大幸事了。"

4月20日，我顺利回到了汉口家中。第二天，我住

## 这才是你该追的星
### 詹天佑

进了汉口仁济医院,被医生诊断为阿米巴痢疾。

入院后,我的病情进一步加重。4月23日,我夜不能寐,咳嗽不止,我知道自己的时间不多了。24日上午,我挣扎着口授《遗呈》,由长子詹文珖笔录。

这是我临终前对自己一生的回顾和总结,也包含了我对自己后事的嘱托。这是我留给国家和民族的最后建言,其中最让我放心不下的三件事就是振奋发扬中华工程师学会、收回与管理好中东铁路及脚踏实地完成汉粤川铁路修建。

1919年4月24日下午3时10分,我终因腹疾伤损至心力衰竭,永远离开了这个世界,永远离开了自己钟爱的铁路建设事业。

### 科学家小故事

#### 推脱不掉的会长职务

1916年3月,詹天佑主持召开了中华工程师学会职员会,会议议决将学会总会迁往北京,以谋求更大的发展。于是,1916年10月,总会正式迁至北京。

当年,詹天佑考虑到自己已连续3年被推选为中华工程

## 11 - 制定统一的铁路法规

师学会会长,就致函学会,要求辞去会长职务。虽然最后还是他的得票最多,但经学会议决,尊重他的个人意见,推选沈琪为会长,他以"前会长"的名义参与会务。

1917年10月,中华工程师学会在北京举行第五届年会,詹天佑再次高票当选为会长。虽然再三推辞,但最后还是盛情难却,只好就任。

1918年7月,总会迁入新会址办公。同年10月11日,学会举行了第六届年会,依旧推选詹天佑为会长,推选邝孙谋、华南圭为副会长,年终会员共计400余人。